# Die Deutschprofis A2

## Übungsbuch

von Olga Swerlowa

auf der Basis von
„Das neue Deutschmobil 2“ von
Jutta Douvitsas-Gamst und
Sigrid Xanthos-Kretzschmer

Ernst Klett Sprachen
Stuttgart

## Deine Aufgaben im Übungsbuch

Markiere.
Was passt zusammen? Verbinde.
Was passt? Kreuz an.
Was fehlt? Ergänze.
Sortiere.
Schreib die Wörter auf.
Ordne die Bilder zu.
Ordne den Dialog.

Schreib Sätze.
Schreib in dein Heft.
Schreib einen Text.
Antworte.
Lös das Rätsel.
Such Wörter.
Was passt aus der Liste?
Was passt nicht?

## Symbole im Übungsbuch

4 Verweis auf das Kursbuch

Mein Ich-Buch 3 Verweis auf das Portfolio im Anhang

**Informationen und zu diesem Titel passende Produkte finden Sie auf www.klett-sprachen.de/die-deutschprofis**

1. Auflage 9 | 2025



**Autorin** Olga Swerlowa
**Redaktion** Nóra Kóczián, Enikő Rabl
**Gestaltungskonzeption** Marion Köster, Stuttgart
**Herstellung** Claudia Stumpfe
**Satz** Katja Schüch, Kirchheim / Teck
**Illustrationen** Zoltán Jécsai, Budapest; Vera Brüggemann, Bielefeld (S. 8, 13, 22, 28, 46, 47, 52, 56, 57, 62, 70, 80, 82, 88, 99, 102–103, 113, 117)
**Umschlaggestaltung** Sabine Kaufmann
**Reproduktionen** Meyle + Müller, Medien-Management, Pforzheim
**Druck und Bindung** Gebr. Geiselberger GmbH, Altötting

ISBN: 978-3-12-676481-0

FSC www.fsc.org MIX Papier | Fördert gute Waldnutzung FSC® C105048

# INHALT

# 1 MEINE ERLEBNISSE

**1** **Welches Souvenir haben die Deutschprofis? Verbinde und schreib das Wort.** 1

Mein Souvenir ist ganz weich und braun. Es ist aus Schweden. Ich habe es gern!

Mein Souvenir ist hart und rund. Ich trinke daraus morgens meinen Kakao. Es ist aus Frankreich.

Ich habe ein Souvenir aus den USA von einem Baseballspiel. Es ist leicht und es ist auf meinem Kopf. Ich finde es cool!

_______________ 

_______________ 

_______________ 

**2** **Ergänze: aus, aus der, aus den?** 1

1. Der Schlüsselanhänger ist __________ Frankreich. 
2. Das Taschenmesser ist ein Souvenir __________ Schweiz. 
3. Die bunte Mütze ist __________ Peru. 
4. Und die Tasse ist ein Souvenir __________ USA. 

5. Die Holzpuppen kommen __________ Russland. 

**3** **Was passt zusammen? Verbinde.** 2

1. In den Osterferien war ich mit meinen Eltern in Paris.
2. Im Sommer waren wir eine Woche in Kroatien am Meer.
3. Ich war gestern auf der Geburtstagsparty von Lucia.
4. Mein Vater war im Oktober in Afrika.

a. Als Geschenk habe ich ihr ein Freundschaftsbändchen gemacht.
b. Dort hat er mir die Trommel gekauft.
c. Dort habe ich einen Schlüsselanhänger gekauft.
d. Beim Tauchen habe ich eine Muschel gefunden.

**4** **a. Wörterschlange: Markiere die Perfekt-Formen. Schreib sie auf.** 3

FEKGEKAUFTGUTIBGEMACHTOKUGESEHENUMGENGEKOSTETLIGENGEFUNDENOM

______________________________________________

______________________________________________

**b. Ergänze mit den Verbformen aus a.**

1. Am Strand hat meine Schwester viele Steine ____________
2. Das Souvenir hat 7 Euro ____________
3. Wir haben eine Stadtrundfahrt ____________
4. Ich habe das Souvenir in Kroatien ____________
5. Im Wasser habe ich viele Fische ____________

**5** **Bau Sätze im Perfekt.** 4

1. ich • finden • auf der Straße • 1 Euro

   Ich habe ______________________________________________

2. wie viel • kosten • das Käsebrötchen • ?

   ______________________________________________

3. wir • sehen • den Film • im Kino

   ______________________________________________

4. was • ihr • kaufen • in der Stadt • ?

   ______________________________________________

5. Nina • machen • für ihre Freundin • ein Freundschaftsbändchen

   ______________________________________________

## 6 a. Was passt zusammen? Verbinde. 7

essen | gebacken | gemalt | schmecken | sammeln

malen | gesammelt | helfen | geholfen | backen

gegessen | gebastelt | basteln | geschmeckt

**b. Ergänze mit den Perfekt-Formen aus a.**

**FÜR PROFIS Deck 6a ab und ergänze so die Sätze.**

Die Kinder aus der 6a haben Brot ______________.

Danach haben alle das Brot ______________. Es hat sehr gut ______________. Viktoria und Sarah haben Schutzengel ______________. Frau Aziz, die Kunstlehrerin, hat ______________. Leon und Max haben Steine ______________ und Bilder auf die Steine ______________.

## 7 Was haben die Kinder gemacht?

**Korrigiere die Sätze. Schreib sie in dein Heft.** 7

Anna hat Steine gehört.
Lisa und Karla haben einen Tanz gesammelt.
Nico hat viel Sport gebastelt.
Die Kinder aus der 6a haben einen Film gebacken.
Jan hat Musik gegessen.
Frau Klein hat Kuchen getanzt.

**8** **a. Was haben die Kinder in der Schule gemacht? Such die Wörter und schreib Sätze.**

| | 1 | 2 | 3 | 4 |
|---|---|---|---|---|
| A | ein Klassenfest | sie | malen | Kastanien |
| B | lernen | Bilder | Kuchen | die Schüler |
| C | backen | ein Lied | machen | basteln |
| D | die Kinder | eine Puppe aus Holz | sammeln | alle |

B4, A1, C3: Die Schüler haben ein Klassenfest ______

A2, D2, C4: ______

D4, B3, C1: ______

D1, ____: ______

A2, ____: ______

**b. Was hast du schon in der Schule gemacht? Schreib Sätze.**

______

______

**9** **Sortiere und schreib.** 9

gemacht
geangelt
gesucht
gemalt
geschwommen
gesammelt
gefangen
gegessen
gekauft
gehört
gefahren
gegangen
gefunden
getanzt
gesehen

ER IST …

ER HAT …

## 10 Was passt? Kreuz an. 9

1. Mein Bruder und ich ☐ haben ☐ sind ☐ seid ins Kino gegangen.
2. Mein Vater ☐ hat ☐ ist ☐ habt ein Lagerfeuer gemacht.
3. Unsere Deutschlehrerin ☐ haben ☐ ist ☐ hat nach Österreich gefahren.
4. Wir ☐ haben ☐ sind ☐ seid keine Fische gefangen.
5. Ich ☐ ist ☐ bin ☐ habe Stockbrot gegessen.
6. Lotta ☐ hat ☐ ist ☐ sind im See geschwommen.

## 11 Ergänze den Brief von Teresa. Schreib in dein Heft. 9

Liebe Tante Erika,
am Wochenende bin ich mit Oma und Opa an einen  gefahren. Am Vormittag sind wir alle drei in den  gegangen. Das war toll. Zuerst haben wir  gesammelt. Und dann haben Opa und ich  gefangen. Es war sehr lustig. Ich habe auch zwei  gefangen.
Am Abend haben wir ein  gemacht. Und ich habe  gebacken. Dann haben wir Fisch mit Stockbrot gegessen. Es hat super geschmeckt.
Das Wochenende hat viel Spaß gemacht!
Viele Grüße
Teresa

## 12 Satzmaschine: Schreib Sätze in dein Heft. 9

| | | |
|---|---|---|
| Ich | haben | Muscheln gesammelt. |
| Meine Freunde | sind | im Meer geschwommen. |
| Unser Lehrer | hat | nach Berlin gefahren. |
| | ist | nach Hause gegangen. |
| | bin | eine Party gemacht. |
| | habe | viel getanzt. |

**13** **Was hat Patrick am Wochenende gemacht? Schreib einen Text in dein Heft.** 10

Am Samstag ist Patrick zu Oma und Opa ... Er hat mit seinem Opa ... Am Abend haben sie ... Am Sonntag sind sie ... Danach ... Patrick ist auch ...

**14** **FÜR PROFIS** **Ergänze die Fragen im Chat.** 11

CHAT

Hallo, wie geht's? Was ______________________________?

Ich bin gestern mit Jonas ins Kino gegangen.

Toll! ______________________________?

Star Wars 7. Es war super!

______________________________?

Danach haben wir Pizza gegessen.

______________________________?

Total lecker.

Schön! Dann bis morgen.

Mein Ich-Buch 1

# LERNWORTSCHATZ

| | | | |
|---|---|---|---|
| Ägypten | das Erlebnis | das Projekt | sammeln |
| China | das Souvenir | die Werkstatt | angeln |
| Frankreich | die Muschel | das Holz | fangen |
| Ghana | die Trommel | der Stein | bleiben |
| Griechenland | die Tasse | der Tanz | |
| Mexiko | die Mütze | der Engel | hart |
| Peru | die Puppe | der See | weich |
| Russland | der Schlüsselanhänger | der Wald | scharf |
| Spanien | das Taschenmesser | die Wanderung | wach |
| die Türkei | das Freundschafts-bändchen | der Pilz | typisch |
| die USA (Plural) | der Laden | das Lagerfeuer | sonnig |
| | das Taschengeld | das Restaurant | |
| | der Flughafen | | aus Holz |
| | die Schifffahrt | | zu Besuch |
| | die Stadtrundfahrt | | So ein Quatsch! |
| | der Strand | | Bis morgen! |
| | das Nest | | |
| | | | ein bisschen |
| | | | überall |
| | | | danach |

**A** **Silbenrätsel: Schreib die Wörter mit dem Artikel auf.**

Trom band Schlüs pe Mu Ta schen tier Freund mel schafts pup Stoff chen an hän sel ger schel geld Holz

**B** **Länderschlange: Trenn die Wörter und schreib sie in dein Heft.**

FRANKREICHDIETÜRKEIMEXIKOSPANIENDIEUSAGRIECHENLAND

ÄGYPTENDIESCHWEIZRUSSLANDGHANAPERUÖSTERREICHCHINA

## C Was passt?

| | |
|---|---|
| ein Souvenir | gehört • gekauft • gesammelt • gebacken |
| Brot | getanzt • gelernt • gegessen • geholfen |
| Musik | geschmeckt • gemalt • gehört • geangelt |
| einen Tanz | gefunden • gebacken • gelernt • gesammelt |
| eine Stadtrundfahrt | geschwommen • gefahren • gemacht • gegangen |

## D Was passt zusammen? Es gibt mehrere Möglichkeiten.

| | | |
|---|---|---|
| an einen See | gemacht | ______________________ |
| in den Wald | gebacken | ______________________ |
| eine Party | gesammelt | ______________________ |
| ein Feuerwerk | gefangen | ______________________ |
| Fische | gesehen | ______________________ |
| Pilze | gegangen | ______________________ |
| Stockbrot | gefahren | ______________________ |
| eine Wanderung | geschwommen | ______________________ |
| im See | gegessen | ______________________ |

## E Was passt aus der Liste?

Stadt: ______________________

Natur: ______________________

## F Antworte.

Was hast du am Wochenende gemacht?

______________________

______________________

______________________

Mein Lieblingswort:

# MEINE FREUNDE 2

**1** **Wer ist das?** 1

lange braune Haare
braune Augen
Mütze

blond
sportlich
cool

Brille
kleine Augen
kurze schwarze Haare

**2** **a. Sieh die Fotos an. Ergänze.** 1

groß und sportlich • Brille • lange braune • cool • trägt • Haare • blaue • Helm • blond

Sarah hat ______________ Haare und ______________ Augen.

Sie ______________ einen Rucksack.

Niklas ist ______________. Er hat kurze braune ______________. Er trägt einen ______________.

Sein Freund Milan sieht ______________ aus. Er ist ______________ und er trägt eine ______________.

**b. Beschreib Sofie.**

______________________________________________

______________________________________________

## 3 Wer ist mit wem befreundet? Was machen sie zusammen? 2

Linus Alexa Emil Kim Tim Jana

1. Linus ist mit ______________________ befreundet. Sie ______________________ zusammen ______________________
2. Alexa ist mit ______________________ befreundet. Sie ______________________ zusammen.
3. Emil ist mit ______________________ befreundet. Sie ______________________

______________________________________________

## 4 Was passt zusammen? Verbinde Bild, Beschreibung und Wort. 3

fleißig

schüchtern

lernt viel und macht alle Hausaufgaben

hat keine Angst

spricht nicht gern vor der ganzen Klasse

stark

mutig

macht viel Sport

**5** **Interview mit Mischa: Schreib die Fragen in dein Heft.** 4

Wie …?

Wo …?

Wie lange …?

Wie oft …?

Was …?

Wie oft …?

Meine Freundin heißt Svenja.

Sie wohnt im gleichen Haus wie ich.

Wir sind schon drei Jahre befreundet.

Ich sehe Svenja fast jeden Tag.

Wir hören zusammen Musik, wir gehen oft ins Kino und spielen zusammen Basketball.

Wir streiten fast nie.

**6** **Was ist richtig? Kreuz an.** 5

1. Wir sind gute Freunde, weil
   a. ☐ wir nie streiten.
   b. ☐ wir streiten nie.
2. Andrea ist meine beste Freundin, weil
   a. ☐ wir über alles reden können.
   b. ☐ wir können über alles reden.
3. Sarah und Lotta sind schon lange befreundet, weil
   a. ☐ sie gehen in die gleiche Klasse.
   b. ☐ sie in die gleiche Klasse gehen.
4. Wir machen viel zusammen, weil
   a. ☐ wir die gleichen Interessen haben.
   b. ☐ wir haben die gleichen Interessen.

**7** **Verbinde die Sätze mit *weil*. Schreib sie in dein Heft.** 5

Lisa und Tina sind Freundinnen. Sie haben die gleichen Hobbys.
Max verbringt viel Zeit mit Andreas. Sie machen zusammen Sport.
Patricia ist meine Freundin. Wir machen zusammen viel Quatsch.
Ich bin mit Alex befreundet. Wir können über alles reden.
Ben, Toni und Erkan sind gute Freunde. Sie helfen einander immer.

*Lisa und Tina sind Freundinnen, weil sie …*

**8** **Ergänze die Sätze.** 6

Ich komme nicht mit ins Kino, weil ____________________

Ich war gestern nicht in der Schule, weil ____________________

Ich kann nicht zur Geburtstagsparty gehen, weil ____________________

Ich backe einen Kuchen, weil ____________________

Ich bleibe auch am Nachmittag in der Schule, weil ____________________

**9** **Ordne die Sätze. Schreib den Text in dein Heft.** 8

- ☐ Am Anfang war sie sehr traurig, weil sie ganz allein war.
- ☐ Jetzt hat sie viele neue Freunde.
- ☐ Aber dann hat ein Mädchen sie zu seiner Geburtstagsparty eingeladen.
- ☐ Sie hat auch die Schule gewechselt.
- ☐ Meine Freundin ist umgezogen.
- ☐ Auf der Party hat sie auch die anderen aus der Klasse besser kennengelernt.

**10** **Trenn die Wörter und schreib die Sätze richtig.** 9

1 ANNASFREUNDINISTNACHLEIPZIGUMGEZOGEN

____________________

2 AMWOCHENENDEHABEICHMITMEINEMFREUNDGESTRITTEN

____________________

3 MAXHATSEINENBESTENFREUNDDANIELINDERSCHULEKENNENGELERNT

____________________

4 ICHHABEMEINEFREUNDINLINAJEDENTAGANGERUFEN

____________________

## 11 a. Such 9 Perfekt-Formen. ↗ 9

| l | e | d | g | e | f | r | a | g | t | a |
|---|---|---|---|---|---|---|---|---|---|---|
| g | a | g | e | f | u | n | d | e | n | n |
| e | g | e | h | o | p | i | s | a | g | g |
| u | m | g | e | z | o | g | e | n | e | e |
| g | e | s | c | h | p | j | u | o | w | f |
| a | g | e | h | o | l | f | e | n | o | a |
| r | a | u | s | t | w | e | l | t | h | n |
| g | e | s | t | r | i | t | t | e | n | g |
| e | g | e | g | a | n | g | e | n | t | e |
| f | a | n | g | e | r | u | f | e | n | n |

**b. Sortiere die Perfekt-Formen.**

| **ge______t/en** | **______ge______t/en** |
|---|---|
| gefragt, ____________ | ____________ |
| ____________ | ____________ |
| ____________ | ____________ |

## 12 Was antwortet Diego? Ergänze den Text. ↗ 9

**Michi:** Hallo Leute, mein Freund ist umgezogen und wohnt in einer anderen Stadt. Das ist total blöd. Kennt ihr das?

**Diego:** Hallo Michi, ich verstehe dich sehr gut. Auch mein bester Freund Benni hat im gleichen Haus wie ich ________. Und wir sind in die gleiche Klasse ________. Aber vor einem Jahr ist er ________. Er hat die Schule ________. Am Anfang habe ich ihn jeden Tag ________. Aber in der Schule war ich meistens allein. Dann habe ich ein paar Jungen aus dem Sportclub ________. Jetzt sind wir befreundet. Aber Benni bleibt für immer mein bester Freund.

**13** **a. Wer hat was gemacht? Verbinde.** ↗ 12

| | | | | |
|---|---|---|---|---|
| Neele | + | ist | + | nach Thailand mitgefahren. |
| Neeles Mutter | | sind | | zwei Monate in Thailand gedreht. |
| Neeles Mutter und Schwester | | hat | | drei Wochen Schule verpasst. |
| | | haben | | die Tochter bei einer Filmagentur angemeldet. |
| | | | | mit Freunden gelernt. |
| | | | | auf Elefanten geritten. |

**b. Schreib die Sätze in dein Heft.**

**14** **a. FÜR PROFIS Buch und Film: Sortiere die Texte.** ↗ 13

A Im Sommer habe ich das Buch „Emil und die Detektive" gelesen.
B Meine Freundin Tina und ich haben am Wochenende den Film „Heidi" gesehen.
C Erich Kästner hat das Buch geschrieben.
D Die Hauptfigur ist Emil Tischbein.
E Den Film hat der Schweizer Regisseur Alain Gsponer gemacht.
F Seine Mutter schickt ihn allein nach Berlin.
G Die Hauptfigur ist das Waisenmädchen Heidi.
H Er muss seiner Großmutter 140 Mark bringen.
I Sie lebt bei ihrem Großvater in den Schweizer Bergen.
J Dann zieht sie nach Frankfurt um und lernt die kranke Klara kennen.
K Ein Mann klaut Emil im Zug das Geld.
L Sie mag Klara, aber sie möchte zu ihrem Großvater zurück.
M Der Film hat mir gefallen, weil die Schauspieler sehr gut sind.
N Emil springt aus dem Zug und verfolgt den Dieb.
O Das Buch hat mir sehr gut gefallen, weil Emil am Ende sein Geld und neue Freunde findet.

Über das Buch: ☐ ☐ ☐ ☐ ☐ ☐ ☐ ☐

Über den Film: ☐ ☐ ☐ ☐ ☐ ☐ ☐

**b. Schreib einen Text aus a in dein Heft.**

Mein Ich-Buch 2

# LERNWORTSCHATZ

das Haar
die Freundschaft
das Interesse
die Meinung
der Streit
die Situation
die Note
das Team
das Abenteuer
die Erfahrung
der Traumberuf
die Leute (Plural)

aussehen
trainieren
verbringen
reden
wissen
streiten
umziehen
vermissen
weinen
wechseln
kennenlernen
passieren
lösen
zusammenhalten
einen Film drehen
anmelden
warten
dabei sein
verpassen

cool
blond
glatt
sportlich
ehrlich
fleißig
klug
ruhig
mutig
schüchtern
stark
witzig
wichtig <-> unwichtig
perfekt
gleich
echt
traurig
schlimm
spannend
stolz
normal

einander
miteinander
füreinander
letzter, letztes, letzte
niemand
sogar
eigentlich
meistens
allein
weil

Ich bin mit … befreundet.
zum Beispiel
jeden Tag
jedes Wochenende
jedes Jahr
letztes Jahr
zweimal in der Woche
Ja, natürlich!

**A** **Buchstabenschlange: Welche Wörter sind das? Verbinde die Buchstaben.**

| o | o |
|---|---|
| c | l |

cool

| l | k |
|---|---|
| u | g |

______

| c | h |
|---|---|
| e | t |

______

| o | r | t |
|---|---|---|
| p | h | l |
| s | c | i |

______

| t | h | c |
|---|---|---|
| i | u | i |
| g | n | w |

______

| t | e | u |
|---|---|---|
| n | A | e |
| e | b | r |

______

| u | n | E |
|---|---|---|
| r | g | r |
| h | a | f |

______

**B** **Was fehlt: -ig oder -lich?**

wicht______ sport______ gefähr______ mut______ lust______ ehr______

traur______ witz______ natür______ fleiß______ ruh______

## C Was passt nicht?

1. mit dem Freund — lernen • streiten • anrufen • reden
2. die Schule — besuchen • wechseln • umziehen • mögen
3. nach Berlin — streiten • umziehen • fahren • gehen
4. neue Freunde — kennenlernen • einladen • anfangen • anrufen

## D Geheimschrift: Lös das Rätsel. Schreib die Sätze richtig. Lies vor.

Hallo L♥te,
vor zw✹ Wochen hatte ich mit m✹nem Fr♥nd Manuel Str✹t. Das war schlimm und hat mich total tr⚓rig gemacht. Ich habe Manuel nach der Schule zu mir ✹ngeladen und wir haben mit✹nander geredet. Das hat echt geholfen. Fr♥nde haben nicht immer die gl✹che M✹nung. Das ist normal.

♥ = ______

⚓ = ______

✹ = ______

## E Schreib das Gegenteil.

1. wichtig – unwichtig
2. sportlich – ______
3. ______ – unruhig
4. gesund – ______
5. ______ – ungefährlich

## F Antworte.

Wie heißt dein Freund / deine Freundin?

______

Wie ist er / sie?

______

Was macht ihr zusammen?

______

Warum seid ihr Freunde?

______

Mein Lieblingswort:

______

# DAS KANN ICH 3 AM BESTEN

**1** **a. Was können die Deutschprofis?** 1

1 Felix kann Skateboard fahren.

2 ______

3 ______

4 ______

5 ______

6 ______

7 ______

**b. Was kannst du gut / nicht so gut? Was kannst du nicht? Schreib Sätze in dein Heft.**

**2** **Interview mit Julia: Schreib die Fragen in dein Heft.** 2

Was …?

Wie lange …?

Wie oft …?

Wer …?

Wie gut …?

Warum …?

Ich laufe gern Schlittschuh.

Ich habe sehr lange geübt.

Ich bin schon sehr oft hingefallen.

Meine Freundin Tina hat am Anfang geholfen.

Jetzt bin ich ziemlich gut, ich kann auch springen.

Ich möchte ein Profi werden!

organisiert • korrigiert • hingefallen • fotografiert • angemeldet • gezeigt • trainiert • hinuntergefahren

**3** **Ergänze.**

**FÜR PROFIS**

**Deck den Kasten ab und ergänze so die Sätze.** 3

Mein Vater _hat_ mich für einen Snowboardkurs ____________. Er ________ auch unsere Reise nach Österreich ____________. Der Snowboardlehrer war sehr nett, er ________ uns zuerst leichte Übungen ____________. Wir ____________ dann zwei Tage fleißig ____________. Das war ganz schön schwer! Der Lehrer ______ immer wieder unsere Fehler ____________. Ich ________ ziemlich oft ____________ und manchmal hatte ich keine Lust mehr. Aber dann ____________ wir zum ersten Mal den Berg ____________. Es war so cool! Mein Vater ________ alles ____________. Jetzt fahre ich total gern Snowboard, aber ich muss noch viel üben.

**4** **Was hat Leo noch nicht gemacht? Schreib Sätze.** 3

1. Leo will eine Party machen. (seine Freunde einladen)
   _Er hat seine Freunde noch nicht eingeladen._
2. Leo will ins Kino gehen. (die Eltern fragen)
   ______________________________
3. Leo muss schon ins Bett gehen. (zu Abend essen)
   ______________________________
4. Leo will ans Meer fahren. (die Reise organisieren)
   ______________________________
5. Leo möchte Tennisprofi werden. (trainieren)
   ______________________________
6. Leo möchte Spaghetti essen. (einkaufen)
   ______________________________

## 5 Wähl aus. Ergänze ein eigenes Beispiel. 5

1. Welcher Hund ist größer? ☐

2. Welcher Bleistift ist dünner? ☐

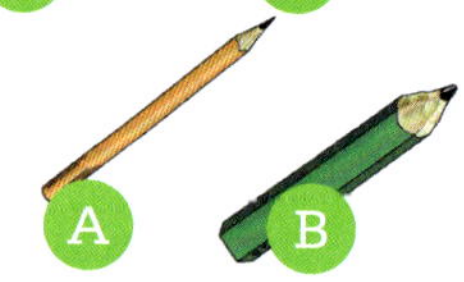


3. Welches Auto ist länger? ☐

4. Was ist leichter? ☐

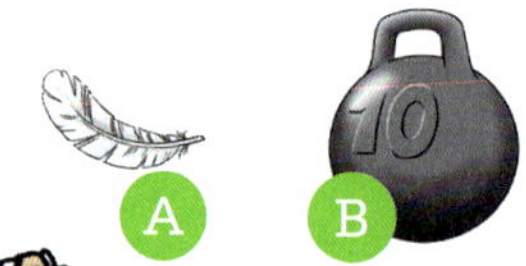


5. Wer ist älter? ☐

6. ________________________ ☐ A B

## 6 Sortiere. 5

dicker, ruhiger, schwer, lang, stark, alt, länger, größer, kleiner, schön, kürzer, ruhig

genauso ______ wie …

______ als …

## 7 Was passt? Kreuz an. ↗ 5

1. Der Tiger ist ☐ größer ☐ kleiner als die Katze.
2. Der Elefant ist ☐ schwerer ☐ leichter als der Löwe.
3. Die Schweiz ist ☐ genauso groß ☐ nicht so groß wie Deutschland.
4. Der Frühling ist ☐ wärmer ☐ kälter als der Winter.
5. Das Wörterbuch ist ☐ dicker ☐ dünner als das Wörterheft.
6. Das Fahrrad ist ☐ genauso schnell ☐ nicht so schnell wie das Auto.
7. Die Sommerferien sind ☐ länger ☐ kürzer als die Weihnachtsferien.

## 8 Ergänze: als oder wie? ↗ 5

1. Tobias spielt besser Fußball ________ Uwe.
2. Laura ist genauso alt ________ Kira. Beide sind 11.
3. Ich mag Tierfilme lieber ________ Tierbücher.
4. Tina ist genauso gut in Mathe ________ Alex.
5. Comics sind nicht so interessant ________ Computerspiele. Oder?
6. Ich telefoniere mehr ________ meine Schwester Tamara.
7. Jungen sind nicht immer so fleißig ________ Mädchen.

## 9 Vergleiche. ↗ 6

Haare • kurz

Schal • lang

Tasche • groß

T-Shirt • dunkel

Schuhe • sportlich

*Lillis Haare sind ... als Laras Haare.*

## 10 Bist du einverstanden? Reagiere. 8

Lieber Kino am Sonntag als Mathe am Montag! — *Ja, genau!*

Lieber Musik als Sport! — ______________________

Lieber Fahrrad fahren als am Computer spielen! — ______________________

Lieber einen Text schreiben als Wörter lernen! — ______________________

Lieber Müsli als Schokolade! — ______________________

Lieber das Zimmer aufräumen als einkaufen! — ______________________

Lieber ein Hund als eine Katze! — ______________________

## 11 Tierrekorde: Ergänze. 9

______________________ ist am klügsten.

______________________ läuft am schnellsten.

______________________ taucht am tiefsten.

______________________ ist am kleinsten.

______________________ schläft am längsten.

______________________ ist am schwersten.

## 12 Satzmaschine: Schreib Fragen in dein Heft. 10

| | | | |
|---|---|---|---|
| | Sprache | | am größten? |
| Welcher | Land | | am höchsten? |
| Welche | Stadt | ist | am ältesten? |
| Welches | Baum | | am wärmsten? |
| | See | | am schönsten? |
| | Monat | | am schwersten? |
| | Berg | | am tiefsten? |

**13** **Ergänze.** 10
**FÜR PROFIS** **Deck den Kasten oben ab und ergänze so die Sätze.**

am hellsten • am höchsten • am größten • am tiefsten • am kleinsten

Von allen Ländern ist Vatikanstadt ______________________.

Der Staat ist nur 0,44 km² groß und hat 840 Einwohner. Von allen Städten ist Tokio ______________________. In Tokio und Umgebung leben 37 Millionen Menschen. Von allen Seen ist der Baikalsee ______________________.

Der See liegt in Russland und ist 1642 Meter tief. Von allen Bergen ist der Mount Everest ______________________. Er ist 8 848 m hoch und liegt in Nepal.

Und von allen Sternen ist der Polarstern ______________________, man kann ihn im Norden immer sehen.

**14** **a. Ergänze die E-Mail.** 12

gern • am liebsten • am besten • besser • viel • am meisten • am liebsten

Hallo!

Ich heiße Amanda und ich komme aus Mexiko. Ich suche einen Freund oder eine Freundin in einem anderen Land. Ich höre __________ Musik. Popmusik gefällt mir __________ als Techno, aber Hip-Hop finde ich __________. Was machst du in deiner Freizeit __________?

Ich mache auch __________ Sport. Karate macht mir __________ Spaß.

Mein Lieblingsessen sind Tacos. Ich mag auch Schokolade sehr und __________ esse ich Schokoeis.

Schreib mir!

Amanda

**b. Antworte auf die E-Mail.**

Mein Ich-Buch 3

# LERNWORTSCHATZ

der Wunsch
der Trick
die Reise
die Piste
der Fehler
die Geschwister (Plural)
der Zwilling
die Hand
der Fuß
der Rekord
die Erde
die Antarktis
der Ozean
der Turm
der Stern
der Himmel
der Luftballon

das Gedicht
das Rätsel
der Rapper
der Cousin
der Song
die CD
die E-Mail
der Fan

Skateboard fahren
Breakdance machen
schaffen
glauben
denken
schenken
üben
zeigen
auslachen
sagen
organisieren
korrigieren
hinfallen
leuchten
rappen

tief
hoch
schief
weit
jung

selbst
jetzt
schon
noch nicht
(größer) als
(so groß) wie
genauso
anders
beide

zum ersten Mal
Darauf bin ich stolz.
Ja, genau!
Du hast recht.
Das ist Unsinn.
Das stimmt nicht.

**A** **Lös das Buchstabenrätsel.**

1. Am Himmel sind viele ____________. TRENES
2. ____________ sehen gleich aus. GNWEILZLI
3. Die Skifahrer fahren auf der ____________. ISTEP
4. Ich habe im Test keine ____________ gemacht. LEHFER
5. Das ____________ ist nicht schwer. LÄSTER

## B Was passt nicht?

1. Skateboard — fahren • machen • üben
2. Breakdance — üben • korrigieren • machen
3. Fehler — denken • machen • korrigieren
4. eine Reise — rappen • organisieren • machen
5. einen Trick — zeigen • lernen • leuchten

## C Richtig schreiben: E / e oder ä?

k____lter als der H____rbst

w____rmer als meine H____nde

h____ller als ein St____rn

____lter als die ____rde

r____chnen wie der L____hrer

r____nnen wie ein H____schen

kl____ttern wie ein B____r

## D Ergänze.

alt — ______ — am ältesten

______ — ______ — am stärksten

______ — tiefer — ______

hoch — ______ — ______

gut — ______ — ______

## E Stimmt das? Reagiere.

Ich bin sportlicher als du.

Meine Haare sind heller als deine.

Deutsch ist interessanter als Mathe.

Mein Lieblingswort:

# 4 WIE GEHT'S DENN SO?

**1** **Was ist hier anders?** ↗ 1

die Hände ______ ______ ______ ______

**2** **Was passt zusammen? Verbinde und schreib die Wörter mit dem Artikel.** ↗ 2

Rücken – Augen – Füße – Kopf – Finger – Arm

der Finger und der ______ ______ ______

______ ______ ______

**3** **Zwei Dialoge: Ordne und schreib in dein Heft.** ↗ 3

- ☐ Guten Morgen, Herr Schulz. Wie geht es Ihnen?
- ☐ Hallo, Milli, wie geht's dir? Ist alles okay?
- ☐ Ja, alles super. Und wie geht's dir, Antonia?
- ☐ Danke, gut. Und dir, Christian? Du warst gestern nicht in der Schule.
- ☐ Ich hatte ein bisschen Bauchschmerzen. Aber heute geht es mir gut.
- ☐ Nicht so gut, Milli. Mein Bauch tut weh.

## 4 Was antworten die Deutschprofis? Ergänze. 3

## 5 Ergänze die Tipps. 5

~~dein Fieber messen~~ • spazieren gehen • zum Arzt gehen • Wasser trinken • Nasentropfen nehmen • ein wenig schlafen

- ○ Mir ist warm. • *Miss dein Fieber.*
- ○ Meine Nase läuft. • *Nimm* ______
- ○ Ich fühle mich schlapp. • ______
- ○ Ich schwitze. • ______
- ○ Mein Kopf tut weh. • ______
- ○ Ich habe 39 Grad Fieber. • ______

## 6

**a. Was passt zusammen? Verbinde.** 8

| | |
|---|---|
| 1. Wann hast du gute Laune? | a. Wenn mir sehr warm ist. |
| 2. Wann fühlst du dich schlapp? | b. Wenn ich wenig geschlafen habe. |
| 3. Wann lachst du? | c. Wenn es mir sehr schlecht geht. |
| 4. Wann weinst du? | d. Wenn ich einen Witz höre. |
| 5. Wann gehst du zum Arzt? | e. Wenn ich ein trauriges Buch lese. |
| 6. Wann misst du Fieber? | f. Wenn ich eine gute Note bekommen habe. |

**b. Schreib Sätze in dein Heft.**

*Ich habe gute Laune, wenn ich ...*

## 7 a. Was passt? Kreuz an. 8

| | Ich bin traurig. | Ich bin froh. | Ich bin wütend. | Ich habe Angst. |
|---|---|---|---|---|
| 1. Die Ferien sind fast zu Ende. | | | | |
| 2. Meine Schwester isst meine Bonbons. | | | | |
| 3. Ich bekomme eine gute Note. | | | | |
| 4. Du kommst nicht zu meinem Geburtstag. | | | | |
| 5. Ein Freund wechselt die Schule. | | | | |
| 6. Ich gehe zu einer Party. | | | | |
| 7. Ich sehe einen Monsterfilm. | | | | |

**b. Schreib Sätze in dein Heft.**

*Ich bin traurig, wenn ...*

## 8 Wann haben die Kinder gute oder schlechte Laune? Schreib Sätze wie im Beispiel. 9

ins Kino gehen *Wenn Lukas ins Kino geht, hat er gute Laune.*

für den Test lernen

das Zimmer aufräumen

Ferien haben

am Computer spielen

viele Hausaufgaben machen müssen

## 9 Bau Sätze mit *wenn* oder *weil*. Schreib sie in dein Heft. 10

1. Felix • traurig sein • allein sein *Felix ist traurig, weil ...*
2. Mia • froh sein • ihre Freundinnen treffen
3. Emilia • gute Laune haben • zu Oma und Opa fahren
4. Alex • schlechte Laune haben • zu Hause helfen müssen
5. Mia • lachen • mit ihrer kleinen Schwester spielen
6. die Kinder • Angst haben • es ist dunkel

**10** **Beim Arzt: Ergänze den Dialog.** 13

- Hallo Nina, wie geht es dir?
- ○ ______________________________!
- Was fehlt dir?
- ○ ______________________________.
- Tut dir auch ______________________________?
- ○ ______________________________.
- Hast du auch ______________________________?
- ○ ______________________________.
- Du musst ____________________ und du darfst ______________________________.
- ○ Das mache ich. Danke, Frau Doktor!
- Gute ____________________, Nina!

**11** **Was ist mit Sina passiert? Ergänze.**
**FÜR PROFIS Deck den Kasten ab und ergänze so die Sätze.** 13

Hallo Tim,

am Wochenende bin ich Ski gefahren. Leider bin ich hingefallen und habe mir einen Finger ____________________. Ich hatte ziemlich starke ____________________. Der Arzt hat mir ____________________ verschrieben. Sie helfen ein bisschen. Zum Glück muss ich nicht ins ____________________. Morgen bleibe ich noch zu Hause, aber dann kann ich in die Schule gehen. Aber ich darf einen ____________________ keinen Sport machen. Schade!

Und wie geht es dir? Was hast du am ____________________ gemacht?

Viele Grüße, Sina

Schmerzen • Monat • Schmerztabletten • Krankenhaus • Wochenende • gebrochen

**12** **Was darf man hier nicht machen? Schreib Sätze.** ↗ 14

Man darf nicht Skateboard fahren. ______ ______ ______

______ ______ ______ ______

**13** **Ergänze.**

**FÜR PROFIS** **Deck den Kasten ab und ergänze so die Dialoge.** ↗ 14

darf • dürfen • darfst • darf • dürft • darf

1. • Morgen haben wir keine Schule.
   ○ Okay. Ihr ______ heute länger fernsehen.
2. • ______ ich heute ins Kino gehen?
   ○ Heute nicht. Vielleicht am Samstag.
3. • Mir ist heiß. Ich möchte im See schwimmen.
   ○ Hier ______ man nicht baden.
4. • Kann ich mit dem Flugzeug zu Opa und Oma fliegen?
   ○ Nein, Kinder ______ nicht allein fliegen.
5. • Ich habe alle Hausaufgaben gemacht.
   ○ Gut. Du ______ auf dem Schulhof spielen.
6. • Können wir im Wald ein Lagerfeuer machen?
   ○ Nein, im Wald ______ man kein Feuer machen.

**14** **Was darf man, was darf man nicht? Ergänze wie im Beispiel.** 16

Auf dem Spielplatz darf man klettern, aber man darf nicht skaten.

Im Krankenhaus ______________________________

In der Bibliothek ______________________________

Im Kino ______________________________

Im Schwimmbad ______________________________

Im Zoo ______________________________

In der U-Bahn ______________________________

**15** **Ergänze: muss, kann oder darf?** 16

1. Auf dem Gehweg ____________ man nicht Fahrrad fahren.
2. In der Spielstraße ____________ man nicht schnell Auto fahren.
3. Beim Reiten ____________ man einen Helm tragen.
4. Beim Fahrradfahren ____________ man nicht telefonieren.
5. Beim Skaten ____________ man nicht viel schneller sein als die Fußgänger.
6. In der Schule ____________ man einen Inliner-Kurs machen.
7. Wenn man eine Verletzung hat, ____________ man zum Arzt gehen.

**16** **Was darf man / kann man / muss man hier machen?**
**Mal witzige Schilder und schreib Sätze dazu.** 16

Mein Ich-Buch 4

# LERNWORTSCHATZ

der Körper
der Körperteil
der Hals
die Schulter
der Arm
der Finger
die Brust
der Mund
der Zahn
der Schmerz
der Husten
der Schnupfen
die Erkältung
die Ruhe
der Schlaf
die Medizin
die Temperatur
der Grad
das Thermometer
das Fieber
der Arzt
die Energie

der Tropfen
die Spritze
die Salbe
die Tablette
der Verband
der Unfall
das Krankenhaus
der Kurs
die Schutzausrüstung
der Sturz
die Verletzung
die Inlineskates (Plural)
der Fußgänger

müde
schlapp
froh
wütend
sicher

wehtun
schwitzen
verlieren
einatmen
husten
Fieber messen
gewinnen
treffen
den Arm brechen
verschreiben
bewegen
inlineskaten
schützen
verletzen
dürfen

zu
genug
regelmäßig
erst
nicht mehr
ohne
gegen
wenn

Wie geht es Ihnen?
Wie geht es euch?
Ich habe gute Laune.
Was fehlt dir?
Ich habe Kopfschmerzen.
Mein Kopf tut weh.
Ich fühle mich schlapp.
Meine Nase läuft.
Ich bin erkältet.
Au!
Gesundheit!
Gute Besserung!

## A Was passt aus der Liste?

Körperteile: ______________________

Krankheiten: ______________________

Medizin: ______________________

Sport: ______________________

## B Was passt nicht?

1. den Arm — brechen • bewegen • wehtun
2. Fieber — verschreiben • haben • messen
3. Tabletten — verschreiben • schützen • bekommen
4. den Kopf — schützen • verletzen • einatmen
5. Kopfschmerzen — treffen • haben • bekommen

## C Ergänze der / das / die. Bilde Wörter.

1. der Hals + die Bonbons = die Halsbonbons
2. ______ Husten + ______ Saft = ______ ____________
3. ______ Augen + ______ Tropfen = ______ ____________
4. ______ Zahn + ______ Arzt = ______ ____________
5. ______ Sport + ______ Unfall = ______ ____________
6. ______ Arm + ______ Verletzung = ______ ____________
7. ______ Kopf + ______ Schmerz + ______ Tablette = ______ ____________

## D Richtig schreiben: z oder tz?

1. Mir ist heiß, ich schwi___e.
2. Bist du verle___t? Hast du Schmer___en?
3. Wenn man eine Schu___ausrüstung trägt, gibt es weniger Verle___ungen bei Stür___en.
4. Gegen die ___ahnschmer___en hilft nur noch eine Spri___e.

## E Reagiere.

Wie geht es dir?

Was fehlt dir?

Hast du auch Schnupfen?

Hatschi!

______________________

______________________

______________________

______________________

Mein Lieblingswort:

# 5 FRÜHER UND JETZT

## 1 Welches Spiel ist das? Schreib auf. 1

1. ein Brettspiel aus Indien oder Persien für zwei Spieler ______
2. ein Kinderspielzeug zum Springen ______
3. ein Logikspiel aus Ungarn für Alleinspieler ______
4. ein kleiner Zug zum Basteln und Spielen ______

## 2 Kombiniere. Schreib die Wörter mit dem Artikel auf. 1

| | | |
|---|---|---|
| Spring- | | |
| Zauber- | | Würfel |
| Karten- | | Flugzeug |
| Spiel- | + | Spiel |
| Modell- | | Seil |
| Brett- | | Eisenbahn |
| Kletter- | | |

der Spielwürfel, ______

## 3 Gespräch mit Oma: Ergänze die Fragen. 3

○ ______?

● Nein, ich hatte nicht viel Freizeit.

○ Was ______?

● Ich habe Märchen und Tiergeschichten gelesen.

○ Was ______? ● Mein Lieblingsspielzeug war eine Puppe.

○ Welche ______? ● Wir haben noch Fangen gespielt.

○ Wie ______? ● Das Leben früher war nicht so leicht wie heute.

## 4 Such 5 Geräte. Schreib sie mit dem Artikel auf. 4

| | | | | | | | | | | | | |
|---|---|---|---|---|---|---|---|---|---|---|---|---|
| O | M | I | H | A | L | R | O | T | E | N | Ü | F |
| W | A | S | C | H | M | A | S | C | H | I | N | E |
| I | L | T | Ö | Z | U | D | T | U | N | G | E | R |
| K | E | U | P | E | R | I | Ü | S | C | H | O | N |
| O | T | E | L | E | F | O | N | O | B | R | A | S |
| P | F | A | H | T | U | S | K | E | I | N | B | E |
| K | Ü | H | L | S | C | H | R | A | N | K | I | H |
| U | F | U | T | A | I | L | I | B | E | R | V | E |
| Z | A | H | P | I | S | C | H | K | R | O | W | R |

## 5 Ergänze. 4

1. Annas Opa hatte als Kind keinen  ____________
2. Meine Großeltern hatten früher kein eigenes ____________ 
3. Unsere Großeltern haben früher mehr ____________  gehört.
4. Kiras Oma hatte auch als Kind eine  ____________
5. In jeder Wohnung gibt es heute einen ____________ 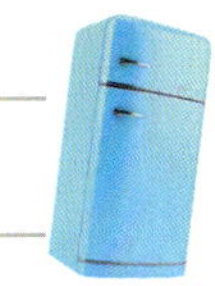
6. Heute haben viele Kinder in Deutschland ein  ____________
7. Das Lieblingsspielzeug von Florians Opa war das ____________ 

## 6 Was passt für dich? Kreuz an und schreib Sätze in dein Heft. 5

| | Ich bin froh, dass … | Ich hoffe, dass … | Ich finde es schade, dass … |
|---|---|---|---|
| gute Freunde haben | ☐ | ☐ | ☐ |
| nicht umziehen | ☐ | ☐ | ☐ |
| im Sommer ans Meer fahren | ☐ | ☐ | ☐ |
| keinen Hund haben | ☐ | ☐ | ☐ |
| schneien | ☐ | ☐ | ☐ |
| am Wochenende lange schlafen dürfen | ☐ | ☐ | ☐ |

## 7 Was erzählen die Kinder? Ergänze die Sätze. ↗ 5

Ich spiele gern Schach.

Anna sagt, dass sie ____________________

____________________

Das Leben ohne Computer ist langweilig.

Ich höre sehr wenig Radio.

Ben findet, dass ____________________

____________________

Tarek sagt, dass ____________________

____________________

Ich spiele fast jeden Tag zwei Stunden am Computer.

Felix erzählt, dass ____________________

____________________

Wir dürfen nur am Wochenende fernsehen.

Lena und Emma erzählen, dass ____________________

____________________

## 8 Reise auf eine einsame Insel: Wer nimmt was mit? Schreib Sätze in dein Heft. ↗ 6

Heike: „Am liebsten mag ich Eis."
Erik: „Ich mag Musik, ohne Musik kann ich nicht leben."
Simone: „Ich lese gern. Und ich lerne gerade fotografieren."
Max: „Meine Freunde sind sehr wichtig. Und ich verbringe viel Zeit im Internet."
Philipp: „Ich mache viel Sport. Auf der Insel lerne ich vielleicht surfen."
Dennis: „Ich gehe oft ins Kino und sehe gern fern. Auf der Insel möchte ich auch mit meinen Freunden reden."

*Ich glaube, dass Heike den Kühlschrank mitnimmt.*

*Ich denke, dass* …

~~der Kühlschrank~~ • das Surfbrett • Bücher • das Handy • der Fernseher • der Computer • der MP3-Player

**9** **Ergänze.** 7

**FÜR PROFIS** **Deck den Kasten ab und ergänze so die Sätze.**

1. Früher ______________ die Mädchen immer einen Rock tragen.
2. Meine Oma ______________ als Kind jeden Tag die Tiere füttern.
3. Ich ______________ gestern schwimmen gehen. Aber ich ______________ nicht. Ich habe gelernt.
4. In den Ferien ______________ wir lange schlafen. Gestern war der erste Schultag und ich ______________ sehr früh aufstehen.
5. Früher ______________ die Schüler nicht in Gruppen arbeiten.

wollte • konnten • mussten • musste • durften • konnte • musste

**10** **a. Wie war Schule früher? Wie ist sie heute? Ordne zu.** 7

| | früher | heute |
|---|---|---|
| 1. im Unterricht nicht miteinander reden dürfen | ☐ | ☐ |
| 2. mit dem Bus zur Schule fahren können | ☐ | ☐ |
| 3. die Meinung nicht sagen können | ☐ | ☐ |
| 4. die Hände auf den Tisch legen müssen | ☐ | ☐ |
| 5. Röcke und Kleider tragen müssen | ☐ | ☐ |
| 6. mit dem Lehrer diskutieren können | ☐ | ☐ |
| 7. zu Fuß zur Schule gehen müssen | ☐ | ☐ |
| 8. den Lehrer immer fragen können | ☐ | ☐ |
| 9. einen Glücksbringer mitnehmen dürfen | ☐ | ☐ |

**b. Schreib Sätze.**

*Früher durften die Schüler nicht …* *Heute können die Schüler …*

## 11 Ergänze das Interview mit der Klasse 5a. ↗ 7

○ Ihr habt für den Projekttag ein internationales Café organisiert. Wie habt ihr das gemacht?

● Zuerst mussten wir aufschreiben: Wer bringt was mit? Die Schüler ________ einen Kuchen backen oder etwas Typisches aus ihrem Land mitbringen.

○ ________ ihr auch Getränke kaufen?

● Das haben die Eltern gemacht. Sie ________ auch Kaffee kochen.

○ Was ________ man im Café alles machen?

● Man ________ natürlich viel essen und trinken. Wir haben Länderplakate im Klassenzimmer aufgehängt und die Besucher ________ ein Quiz machen. Zum Schluss ________ alle etwas nach Hause mitnehmen.

## 12 Ergänze den Text: dass, weil oder wenn? ↗ 10

Hannah erzählt, ________ sie die fünfte Klasse einer Realschule besucht. Sie weiß viel über Kühe, ________ sie auf dem Bauernhof wohnt. Hannah hat oft wenig Zeit, ________ sie ihren Eltern und Geschwistern helfen muss. Sie ist immer froh, ________ sie auf den Markt fährt. Sie mag den Markt, ________ sie dort andere Kinder trifft. Hannah sagt, ________ sie später Ärztin oder Apothekerin werden möchte.

## 13 Satzmaschine: Schreib Sätze in dein Heft. ↗ 11

| | | den Schülern | die Aufgabe. |
|---|---|---|---|
| Ich | gibt | der Katze | einen Keks. |
| **Meine Freunde** | **zeigt** | **den Eltern** | **Gurken.** |
| Die Kinder | geben | dem Bruder | Wasser. |
| Die Lehrerin | zeige | mir | die Schule. |
| | schreibt | dem Hamster | Bonbons. |
| | kaufen | | einen Brief. |

## 14 Wer macht was? Schreib Sätze. ↗ 12

1

2

Mutter -> Kinder

Vater -> Sohn

Mutter -> Kind

Lehrerin -> Schülerin

3

4

1. Die Lehrerin gibt ______________________ die Kreide.
2. ______________________
3. ______________________
4. ______________________

## 15 Such eine Lernpartnerin / einen Lernpartner. Würfelt und sprecht. ↗ 12

| ⚀ | ⚁ | ⚂ | ⚃ | ⚄ | ⚅ |
|---|---|---|---|---|---|
| super | sehr gut | nicht so gut | schlecht | ganz okay | viel besser |

- ● Wie geht es der Oma?
- ○ Es geht ihr super.

der Oma • den Kindern • dem Baby • der Familie • dir • der Lehrerin • den Schülern • dem Hund • dem Arzt • der Tante

↗ Mein Ich-Buch 5

# LERNWORTSCHATZ

| | | |
|---|---|---|
| das Spielzeug | der Nachbar | erzählen |
| das Springseil | die Toilette | hoffen |
| das Brettspiel | die Schüssel | aufwärmen |
| der Zauberwürfel | der Herd | frieren |
| das Jo-Jo | der Rock | waschen |
| die Spielkonsole | das Kleid | Zähne putzen |
| die Modelleisenbahn | die Möhre | packen |
| das Leben | die Kartoffel | ernten |
| die Geschichte | das Heu | herstellen |
| die Freizeit | der Markt | verkaufen |
| das Gerät | die Arbeit | zeigen |
| der Fernseher | das Kalb | |
| das Telefon | der Eimer | früher |
| das Radio | der Apotheker | vielleicht |
| die Waschmaschine | die Apothekerin | bestimmt |
| der Kühlschrank | | eigener, eigenes, eigene |
| der Laptop | beliebt | dass |
| das Tablet | streng | |
| der MP3-Player | ordentlich | Ich habe keine Ahnung. |
| | anstrengend | Ich bin überrascht. |
| | doof | Ich finde es schade. |

**A** **Was passt aus der Liste?**

Spielzeug: ______________________________

Technik: ______________________________

Bauernhof: ______________________________

**B** **Silbenrätsel: Schreib die Wörter mit dem Artikel auf.**

Spiel ben Brett Fern zeit Spring
seh zeug seil Zau spiel wür
Frei Le er fel ber

das Spielzeug, ____________, ____________, ____________

____________, ____________, ____________

## C Was passt zusammen? Verbinde.

| | |
|---|---|
| eine Geschichte | zeigen |
| das Essen | ernten |
| Milch | herstellen |
| Kartoffeln | erzählen |
| Spielzeug | aufwärmen |
| den Bauernhof | verkaufen |

## D Buchstabenschlange: Welche Wörter sind das? Verbinde und schreib mit dem Artikel.

| | | |
|---|---|---|
| S | N | R |
| E | R | E |
| H | E | F |

______________

| | | |
|---|---|---|
| F | F | O |
| E | K | T |
| L | A | R |

______________

| | | |
|---|---|---|
| C | H | B |
| A | N | A |
| N | I | R |

______________

| | | |
|---|---|---|
| S | U | E |
| P | G | Z |
| I | E | L |

______________

| | | |
|---|---|---|
| K | E | A |
| E | R | P |
| H | T | O |

______________

## E Was passt?

waschen • die Waschmaschine

fernsehen • ______________

telefonieren • ______________

springen • ______________

Musik hören • ______________

etwas aufwärmen • ______________

## F Antworte.

Was ist dein Lieblingsspielzeug?

Welches Gerät ist für dich besonders wichtig?

Welches Gerät war früher wichtig für deine Großeltern?

______________

______________

______________

Mein Lieblingswort:

# 6 AUF KLASSENFAHRT

**1** **Was ist das? Lös das Rätsel.** 1

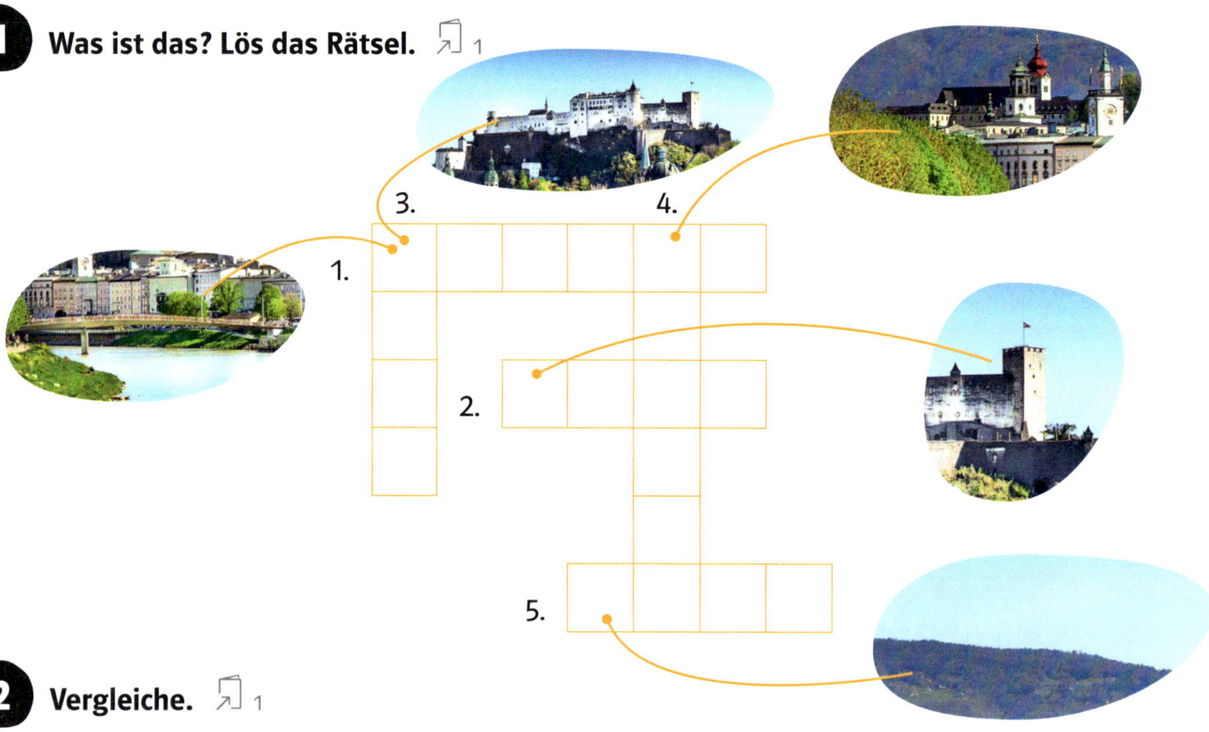


**2** **Vergleiche.** 1

1. groß • Dom oder Kirche?

   Der Dom ist ______________________ als ______________________________________

2. klein • Gasse oder Straße?

   ____________________________________________________________

3. interessant • Museum oder Zoo?

   ____________________________________________________________

4. weit weg • Bahnhof oder Flughafen?

   ____________________________________________________________

5. alt • Schloss oder Burg?

   ____________________________________________________________

6. tief • Fluss oder See?

   ____________________________________________________________

## 3 Verbinde die Dominosteine. 3

| | |
|---|---|
| besichtigen | die Lehrerin |
| bekommen | viel Interessantes |
| erleben | eine Geschichte |
| erzählen | eine Stadt |
| besuchen | den Dom |
| verstehen | ein Souvenir |

## 4 Ergänze das Gedicht mit Perfekt-Formen. 3

Zwicke, zwacke, zwucht,
wir haben die Stadt besucht ______.
Zwicke, zwacke, zweckt,
wir haben das Schloss ______.
Zwicke, zwacke, zwebt,
wir haben viel Interessantes ______.
Zwicke, zwacke, zwommen,
wir haben ein Souvenir ______.
Zwicke, zwacke, zwählt,
wir haben Geschichten ______.

## 5 Was erzählen die Kinder über ihre Klassenfahrt? Ergänze. 4

1 Wir haben Wien ______

2 Wir haben auch Schloss Schönbrunn ______

3 Unsere Lehrerin hat uns viel ______

4 Bei der Führung haben wir alles ______

5 Zum Schluss haben wir ein Souvenir ______

6 Wir haben auf der Klassenfahrt viel ______

## 6 FÜR PROFIS Schreib mit den Wörtern im Kasten eine Postkarte von der Klassenfahrt. Schreib in dein Heft. 4

Schullandheim • besichtigen • Stadtrallye • Spaß • Mozartkugeln

Liebe Emma,

viele Grüße aus Salzburg.

Wir wohnen ...

Bis bald,

## 7 Ergänze die Fragen. 5

1. Wie kommen wir zum ______
2. Entschuldigen Sie, wie komme ich ______
3. Komme ich hier ______
4. Wie komme ich ______
5. Entschuldigen Sie, wie kommen wir ______
6. Entschuldigen Sie, wie komme ich ______

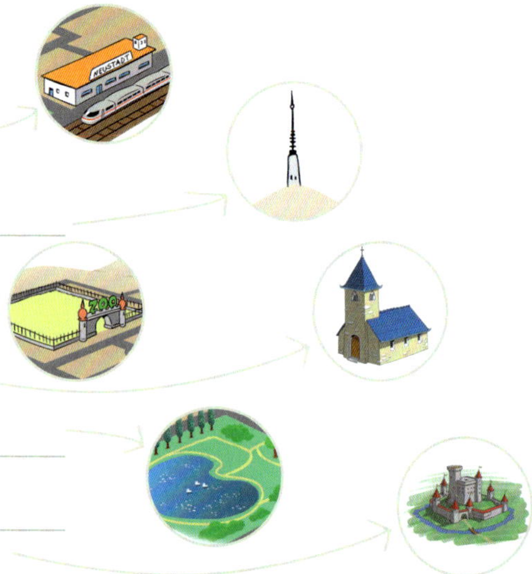

## 8 Zeichne den Weg auf der Karte ein. Wo kommst du an? 5

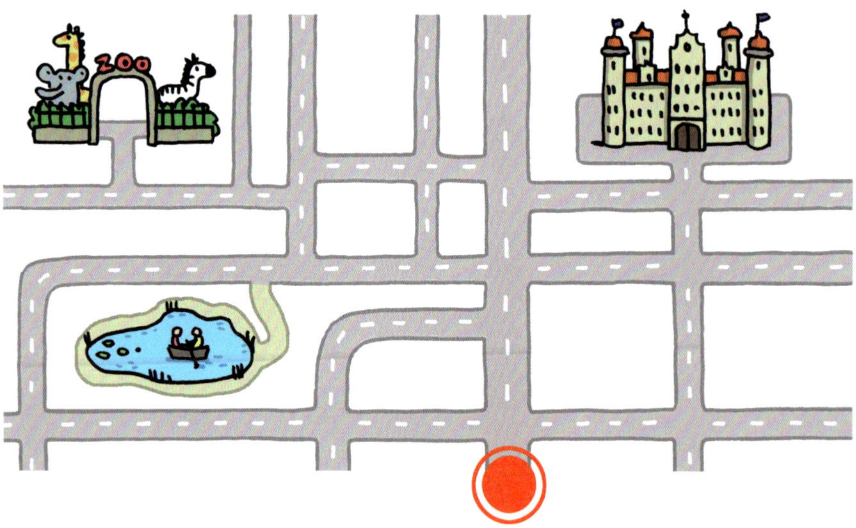


Geh geradeaus bis zur dritten Straße.
Geh dort nach links und geh die zweite Straße nach rechts.
Geh dann die erste Straße nach links und weiter geradeaus.

## 9 Ergänze die Dialoge. ↗ 5

1. ○ Entschuldigen Sie, wie komme ich zum Schloss Mirabell?

   ● Geh ________________, dann nach ____________ und an Mozarts Wohnhaus ____________.

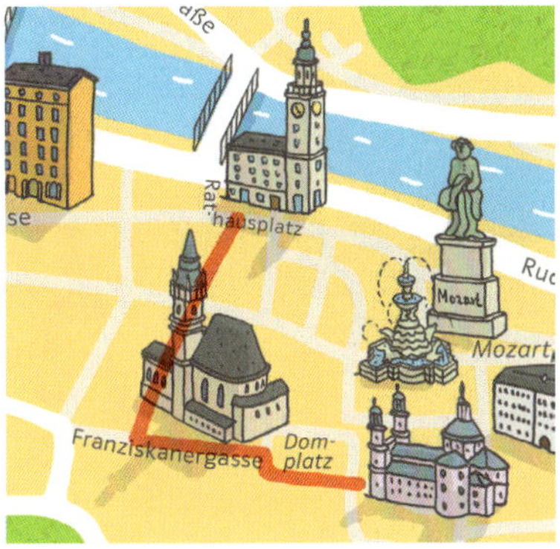


2. ○ Können Sie mir helfen? Ich suche den Dom.

   ● Das ist ganz einfach. Geh zuerst __________ bis zur Franziskaner Kirche und dann nach ____________.

3. ○ Entschuldigen Sie, wie kommen wir zum Haus der Natur?

   ● Also, geht immer ________________ bis zum Spielzeugmuseum und geht dort nach ________________.

## 10 Wo ist Wau? Ergänze. ↗ 6

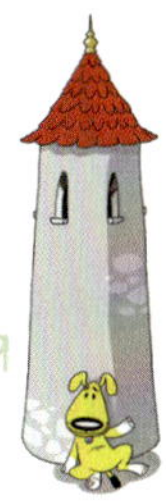

1. Wau ist ____________ dem Turm.

2. Wau ist ____________ dem Schloss.

3. Wau steht ____________ der Kirche.

4. Wau ist ____________ den Bäumen.

5. Wau steht ____________ dem Turm.

6. Wau ist ____________ dem Schloss.

7. Wau ist ____________ der Brücke.

8. Wau sitzt ____________ dem Flugzeug.

9. Wau rennt ____________ dem Fluss.

## 11 Wo sind die Deutschprofis? Ergänze. 7

1. Felix ist in ______________________
2. Maja ist ______________________
3. Leo und Maja sitzen ______________________ und Wau ist ______________________
4. Felix badet ______________________
5. Felix sitzt ______________________

## 12 Was wollt ihr in der Stadt machen? Kreuz an und ergänze. 8

| Im | In der | Am | Auf dem | Auf der | |
|---|---|---|---|---|---|
| ☒ | ☐ | ☐ | ☐ | ☐ | Café wollen wir Eis essen. |
| ☐ | ☐ | ☐ | ☐ | ☐ | Fluss ______________________ |
| ☐ | ☐ | ☐ | ☐ | ☐ | Souvenirladen ______________________ |
| ☐ | ☐ | ☐ | ☐ | ☐ | See ______________________ |
| ☐ | ☐ | ☐ | ☐ | ☐ | Sportplatz ______________________ |
| ☐ | ☐ | ☐ | ☐ | ☐ | Schule ______________________ |
| ☐ | ☐ | ☐ | ☐ | ☐ | Kino ______________________ |
| ☐ | ☐ | ☐ | ☐ | ☐ | Straße ______________________ |
| ☐ | ☐ | ☐ | ☐ | ☐ | Marktplatz ______________________ |

## 13 Was möchten die Kinder im Spielzeugmuseum wissen? 11

1. Wie viele Puppen gibt es im Museum?

   Wissen Sie, wie viele ____________________?

2. Welcher Film läuft im Kinder-Kino?

   Wir möchten wissen, ____________________.

3. Wie viel kostet die Modelleisenbahn?

   Ich möchte fragen, ____________________.

4. Wie alt sind die Spielzeuge?

   Können Sie mir sagen, ____________________?

5. Wo ist die Toilette?

   Wissen Sie, ____________________?

6. Was kann man in der Kinderwerkstatt machen?

   Ich möchte wissen, ____________________.

## 14 Klassenfahrt nach Berlin: Schreib die Sätze in dein Heft. 11

Leon will wissen, wann sie ...

Lukas fragt, ...

Nicolas ...

Carla ...

Anna ...

Mein Ich-Buch 6

# LERNWORTSCHATZ

die Klassenfahrt
die Brücke
der Fluss
die Burg
die Festung
das Schloss
der Dom
das Rathaus
der Brunnen
die Gasse
das Geburtshaus
das Tagebuch
die Fahrt
die Rallye
der Stadtplan
der Ausflug
das Stadtzentrum
die Richtung
der Prinz
die Prinzessin
die Oper
die Führung

das Café
das Würstchen
der Marktplatz
die Bank
der Pilot
das Denkmal
die Sehenswürdigkeit
der Erwachsene
die Erwachsene
das Aquarium
das Becken
der Liter
das Reptil
der Alligator
der Wal
der Hai
die Fütterung
der Weltraum
der Museumsführer
das Ticket

entdecken
ankommen
anschauen
auspacken
besichtigen
anprobieren
grillen
Tischtennis spielen
verstehen
erfahren
erleben

berühmt
nass
einfach
höflich

unterwegs
geradeaus
links
rechts
bis zu
also
wieder
insgesamt

über
unter
vor
hinter
neben
zwischen

Entschuldigen Sie!
Wie komme ich zum Museum?
Das Museum ist heute geöffnet.
Es ist viel los.
Genau.

**A** **Was passt aus der Liste?**

Stadt: ____________________

Aquarium: ____________________

Museum: ____________________

**B** **Klopf den Akzent. Was passt aus der Liste?**

anprobieren: ____________________

verstehen: ____________________

## C Brückenwörter: Was fehlt? Schreib die Wörter auf.

| | | | |
|---|---|---|---|
| SCHUL | KLASSEN | FAHRT | die Schulklassen, die Klassenfahrt |
| TISCH | | PLATZ | |
| RAT | | AUFGABE | |
| GROSS | | PLAN | |

## D Was fehlt? Ergänze.

| | | |
|---|---|---|
| fahren | • | die Fahrt |
| | • | die Besichtigung |
| | • | die Erfahrung |
| führen | • | |
| | • | die Entdeckung |
| füttern | • | |
| | • | das Erlebnis |

## E Antworte.

Wie heißt deine Stadt?

Wie ist sie?

Welche Sehenswürdigkeiten gibt es?

Wo ist deine Schule?

Mein Lieblingswort:

## SPIEL Leiterspiel

Spielt zu viert. Würfelt und löst die Aufgabe.

**Richtig?** –Der / die nächste Spieler/in würfelt.
**Falsch?** – Geh auf dein Feld zurück.

Wenn du auf ein Feld mit einer Leiter kommst, kletterst du nach unten oder nach oben und löst die Aufgabe auf diesem Feld.
Der / die Spielleiter/in kontrolliert die Lösung (S. 106).

**START**

**1**
**Wo fehlt der Artikel? Ergänze.**
Die Souvenirs kommen aus _____ Türkei, aus _____ Griechenland, aus _____ USA, aus _____ Italien, aus _____ Schweiz.

**2**
**Ergänze die Perfekt-Formen.**
backen – sie haben _______
lernen – er hat _______
essen – ich habe _______

**3**
**Was hast du am Wochenende gemacht? Sag drei Sätze.**

**13**
**Was machst du am liebsten? Was kannst du am besten?**

**12**
**Ist das so? Reagiere.**
Mathe ist schwerer als Deutsch.

**11**
**Welche Formen fehlen?**
groß – _______ – _______
_______ – _______ – am schönsten
_______ – besser – _______

**14**
**Antworte.**
Kannst du Fahrrad fahren?
Wie gut kannst du fahren?
Bist du schon mal hingefallen?

**15**
**Nenn drei Tierrekorde.**

**16**
**Nenn sechs Körperteile mit dem Artikel.**

**17**
**Du bist krank. Was fehlt dir? Sag drei Sätze.**

**25**
**Lies die SMS. Was schreibt Mona?**

```
Hallo, ich bin krank.
Ich komme heute nicht
in die Schule. :-( Mona
```

Mona schreibt, dass sie …

**24**
**Ergänze.**
Hannah gibt _____ Hund Futter.
Sie gibt _____ Katze Milch.
Sie zeigt _____ Freundinnen den Hof.
Sie hilft _____ Eltern und Geschwistern.

**26**
**Wie heißen die Sehenswürdigkeiten? Ergänze auch den Artikel.**
_____ F _ _ _ _ _ g
_____ D _ m
_____ S _ _ _ _ _ s

**27**
**Wo ist Wau?**

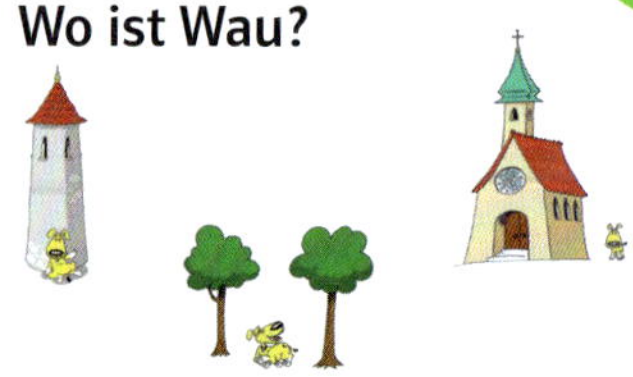

**28**
**Ein Junge fragt nach dem Weg zum Rathaus. Erklär ihm den Weg.**

# MIT SPIEL ANS ZIEL 1–6

**4**

**Ergänze *haben* oder *sein*.**

Wir _____ nach München gefahren.

_____ du das Olympiastadion gesehen?

Mein Bruder _____ viel geschwommen.

**5**

**Was habt ihr heute in der Schule gemacht? Sag drei Sätze.**

**6**

**Mit wem bist du befreundet? Was macht ihr zusammen?**

**7**

**Wie muss ein Freund sein? Nenn fünf Eigenschaften.**

**8**

**Ergänze.**

… ist mein Freund / meine Freundin, weil …

**9**

**Formuliere die Sätze im Perfekt.**

Alex zieht nach Berlin um.
Ich rufe ihn an.
Er lädt mich ein.

**10**

**Stell ein Buch / einen Film vor. Sag drei Sätze.**

**18**

**Ergänze.**

Ich bin froh, wenn …
Ich bin traurig, wenn …
Ich habe Angst, wenn …

**19**

**Was darf man hier nicht machen?**

**20**

**Wann hast du schlechte Laune? Nenn zwei Situationen.**

Ich habe schlechte Laune, wenn …

**21**

**Wie heißen die Spiele?**

**22**

**Nenn fünf technische Geräte mit dem Artikel.**

**23**

**Das Leben früher: Ergänze.**

Meine Oma m________ auch samstags in die Schule gehen.

Sie k________ nicht lange schlafen.

Sie m________ ihrer Mutter in der Küche helfen. Sie d________ nicht allein ins Kino gehen.

**29**

**Was habt ihr auf der letzten Klassenfahrt gemacht?**

**30**

**Frag höflich.**

Was kann man im Museum sehen?
Wann ist das Museum geöffnet?
Wie viel kostet ein Ticket?

**ZIEL**

# SO LEBEN WIR 7

**1** **Was passt zusammen? Verbinde und schreib das Wort.** 1

______________

______________

______________

______________

**2** **a. Was sieht Leo aus dem Klassenzimmer? Ergänze.** 2

Fahrräder • Bäume • Kirchturm • Schulhof • Schulkiosk • Autos • Parkplatz

Wenn ich aus dem Fenster gucke, sehe ich unseren ______________. Rechts stehen fünf große ______________. Unter den Bäumen ist eine Kletterwand, da klettern wir in der Pause. Links ist ein ______________ mit vielen ______________, aber da dürfen nur Lehrer parken. Auf dem Parkplatz stehen auch einige ______________. Am Eingang ist der ______________, da kann ich mir etwas zu essen oder zu trinken kaufen. Ganz weit weg sehe ich einen ______________.

Ich gucke immer aus dem Fenster, wenn mir langweilig ist.

**b. Mal die Aussicht aus Leos Klassenzimmer.**

## 3 Was passt? Kreuz an. 4

| | Dieser | Dieses | Diese | Diesen | |
|---|---|---|---|---|---|
| 1. | ☐ | ☐ | ☐ | ☐ | Spielplatz hat eine Schaukel und Tischtennisplatten. |
| 2. | ☐ | ☐ | ☐ | ☐ | Stadion ist das größte in der Stadt. |
| 3. | ☐ | ☐ | ☐ | ☐ | Straße ist sehr groß und laut. |
| 4. | ☐ | ☐ | ☐ | ☐ | Museum ist in ganz Deutschland berühmt. |
| 5. | ☐ | ☐ | ☐ | ☐ | Häuser haben sechs Stockwerke. |
| 6. | ☐ | ☐ | ☐ | ☐ | Platz finde ich sehr schön. |

## 4 Ergänze die Dialoge. 4

1. das Museum • das Kunstmuseum
   - ○ Kennst du dieses Museum?
   - ● Das ist das ______________________
2. die Straße • die Königstraße in Stuttgart
   - ○ Wie heißt ______________________
   - ● Das ist ______________________
3. der Platz • der Alexanderplatz in Berlin
   - ○ Wo ist ______________________
   - ● ______________________
4. das Stadion • die Allianz-Arena in München
   - ○ Kennst du ______________________
   - ● ______________________
5. die Kirche • die Thomaskirche in Leipzig
   - ○ Wo steht ______________________
   - ● ______________________

## 5 Ergänze die Fragen mit diese/r/s. Antworte auf die Fragen. 4

1. Wie heißt __________ Spiel?

   Dieses Spiel heißt ...

2. Woher kommt __________ Souvenir?

3. Und wie heißt __________ Turm?

4. Wie findest du __________ Fernseher?

5. Wie gefällt dir __________ Mütze?

## 6 a. Was passt zusammen? Schreib die Sätze in dein Heft. 7

| | | |
|---|---|---|
| 1. Ich teile das Zimmer | | eurem Haus! |
| 2. Nach der Schule spielt Lisa | aus | ihrem Leben als Kind. |
| 3. Die Sommerferien verbringt Alex | von | meinem Bruder. |
| 4. Meine Oma erzählt mir oft | mit | ihrer Freundin Karla. |
| 5. Die Klassenfahrt nach Wien machen wir | bei | unserer Deutschlehrerin Frau Klein. |
| 6. Ihr habt eine schöne Aussicht | | seinen Großeltern auf dem Bauernhof. |

**b. FÜR PROFIS Schreib eigene Sätze mit *ich* zu den Satzanfängen.**

## 7 Ergänze die Sätze. 7

Hanna wohnt in ______________ in Berlin. (ein Hochhaus)

Sie hat eine tolle Aussicht aus ______________. (ihr Zimmer)

Nach der Schule verbringt Hanna viel Zeit mit ______________. (ihre Freunde)

Sie geht oft mit ______________ einkaufen. (ihre Schwester)

Ihre Klasse macht im Juli mit ______________ ein Fest. (der Klassenlehrer)

Danach fährt Hanna mit ______________ in die Ferien.

(ihre Eltern und Geschwister)

## 8 Was siehst du auf dem Bild? Ergänze. 7

Das ist eine Insel

mit einem ______________,

mit ______________ Schiffen,

mit ______________ ______________,

mit ______________ ______________,

mit ______________ ______________

und mit ______________ ______________.

**9** **Ergänze.** ↗ 9

unordentlich • Aufräumen • Sachen • einmal • Musik • Zimmer • Spaß

**Marie:** Ich mag ________________ auch nicht. Aber ich finde es nicht schön, wenn mein Zimmer ________________ ist. Dann muss ich lange nach meinen ________________ suchen. Deshalb räume ich lieber ________________ in der Woche auf. Dabei höre ich ________________, dann geht es schneller. Und wenn das ________________ wieder schön ordentlich ist, dann macht das Lernen und das Spielen viel mehr ________________.

**10** **Was passt? Kreuz an.** ↗ 10

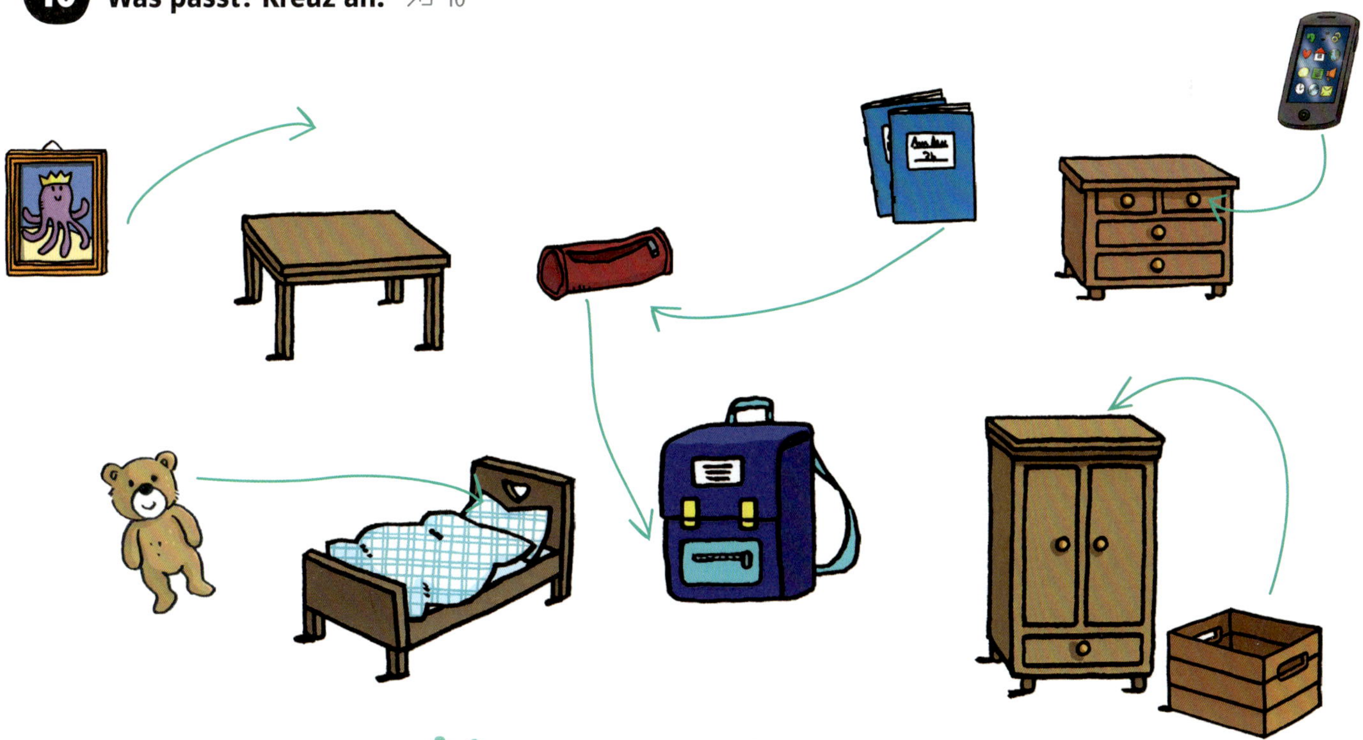

1. Der Teddy kommt ☒ auf das Kissen. ☐ unter das Kissen.
2. Das Bild kommt ☐ über den Tisch. ☐ auf den Tisch.
3. Das Mäppchen kommt ☐ in die Tasche. ☐ neben die Tasche.
4. Die Hefte kommen ☐ neben das Mäppchen. ☐ unter das Mäppchen.
5. Die Kiste kommt ☐ auf den Schrank. ☐ in den Schrank.
6. Das Handy kommt ☐ in die Kommode. ☐ auf die Kommode.

**11** **Was kommt wohin? Lös das Rätsel und schreib Sätze in dein Heft.** 10

*Der Laptop kommt auf den …*

**12** **Ergänze: den, das oder die?** 10

Viola räumt ihr Zimmer auf: Die Stofftiere kommen auf __________ Sofa, der Pullover und die Jeans kommen in __________ Schrank. Violas Sportschuhe kommen neben __________ Tür und ihre Sportsachen kommen in __________ Kommode. Die Kiste mit den alten Spielsachen kommt unter __________ Bett. Die Hefte und die Bücher legt Viola alle auf __________ Tisch. Die Stifte kommen natürlich in __________ Mäppchen. Die Vase mit den Blumen stellt Viola in __________ Fenster. Endlich geschafft!

**13** **Felix räumt auf. Was stimmt nicht? Schreib die richtigen Sätze in dein Heft.** 11

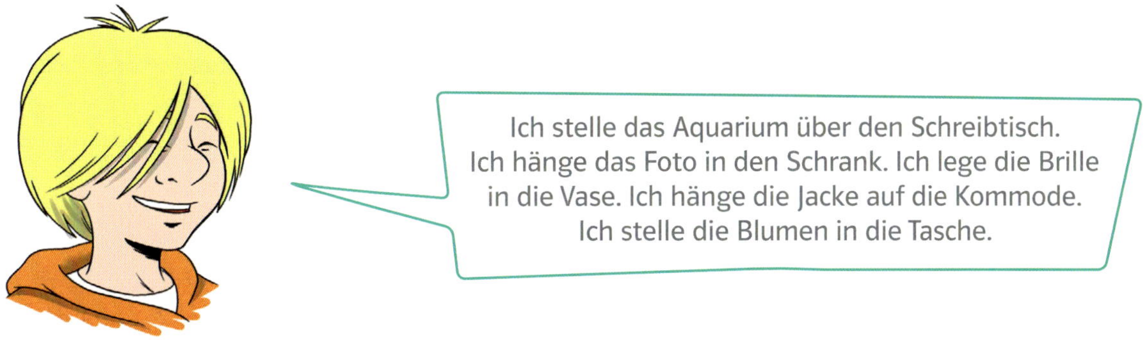


**14** **Was sagen die Eltern?** 11

1. das Fahrrad / vor / Tür — Stell bitte das Fahrrad vor die Tür!
2. die Jacke / in / Schrank — Häng ______
3. die Hausaufgaben / auf / Tisch — ______
4. die Milch / in / Kühlschrank — ______
5. die Schultasche / in / dein Zimmer — ______
6. die Bücher / in / Regal — ______

**15** **FÜR PROFIS** **Schreib einen Text.** 11

Zoo • Fluss • Park • Theater • Kino • Museum • Café • Schule • Stadion • Schwimmbad • See • …

Die Traumwoche ______

Am Montag gehen wir ______

Am Dienstag gehen wir ______

Am Mittwoch ______

______

______

______

______

______

Mein Ich-Buch 7

# LERNWORTSCHATZ

das Hochhaus
das Einfamilienhaus
das Mehrfamilienhaus
das Reihenhaus
das Fachwerkhaus
der Stock, die Stockwerke
das Erdgeschoss
die Aussicht
die Bäckerei
der Kindergarten
die Tischtennisplatte
der Straßenrand
die Schaukel
die Halbinsel
die Nordsee
das Ufer

der Hafen
das Boot
die Flut
das Schaf
die Weide
die Möbel
der Neffe
die Ordnung
die Unordnung
die Klamotten (Plural)
die Kleidung
die Lösung
die Kiste
der Müll
die Vase
der Teddy
die Kommode
das Kissen
das Sofa

gucken
parken
herauskommen
hineingehen
herumhüpfen
herumfahren
transportieren
fallen
holen
stören
erklären
sortieren
nehmen
legen
stellen
hängen

unordentlich

jemand
dieser, dieses, diese
hin
her
fertig

im ersten Stock
an der Ecke
in der Nähe
Ich habe keine Wahl.
Hilfe!

Mit wem?

**A** **Was passt aus der Liste?**

Stadt: ______________________

Aufräumen: ______________________

Wasser: ______________________

Spielplatz: ______________________

**B** **Bilde Wörter.**

Hochhaus

Haus

## C Was passt nicht?

1. legen • stellen • gucken • hängen
2. Flut • Kommode • Kissen • Sofa
3. Bäckerei • Kindergarten • Mehrfamilienhaus • Halbinsel
4. Ufer • Neffe • Hafen • Boot

## D Ergänze: stellen, legen oder hängen?

1. ○ Wohin _____________ du die Vase?
   ● Auf die Kommode.
2. ○ Wohin _____________ du das Poster?
   ● Über das Sofa.
3. ○ Wohin hast du das Handy _____________?
   ● Auf den Tisch.
4. ○ Wohin _____________ du deine Schultasche?
   ● Neben den Schreibtisch.
5. ○ Wohin _____________ wir den Kalender?
   ● Vielleicht an die Tür?

## E Was passt zusammen? Verbinde. Schreib das Wort mit dem Artikel.

| | | |
|---|---|---|
| Kinder- | -geschoss | _____________ |
| Tischtennis- | -platte | _____________ |
| Erd- | -see | _____________ |
| Straßen- | -insel | _____________ |
| Halb- | -rand | _____________ |
| Nord- | -garten | _____________ |

## F Antworte.

Wo wohnst du? _____________

Mit wem wohnst du zusammen? _____________

Ist auf deinem Schreibtisch immer Ordnung? _____________

Wie oft räumst du auf? _____________

Mein Lieblingswort: _____________

# 8 UNTERWEGS IN DER STADT

**1** **Schreib die Wörter zum Bild.** 1

**2** **Ergänze die Nachrichten.** 1

**Tina**
Hallo Finn! Wir sind gleich da, wir stehen ______________ der Ampel.
Tina & Nina

**Nico**
Wo bist du?? Ich stehe __________ deinem Haus. ❤

**Max**
Hallo Mama, darf ich ______________ der Straße skaten?

**Alex**
Ich sitze schon ______________ Bus 🙂 Tschüss!

**Aylin**
Hi Tanja, ich bin unterwegs. Ich komme ______________ dem Fahrrad. Bis gleich!

**3** **Wem gehört was? Verbinde und schreib Sätze in dein Heft.** 2

der Fahrradfahrer

das Baby

das Mädchen

die Lehrerin

die Polizistin

der Schüler

Das Handy gehört ...

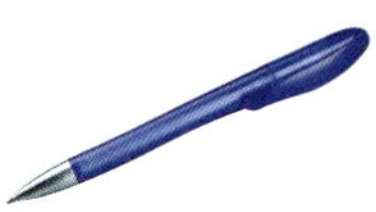
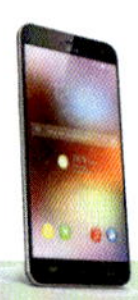

## 4 Kombiniere. Wie viele Wörter findest du? 3

| | |
|---|---|
| Bus | Wagen |
| Taxi | Café |
| Rollstuhl | Laden |
| Kinder | Helm |
| Polizei | Haltestelle |
| Fahrrad | Weg |
| Blumen | Fahrer |
| Eis | |

der Busfahrer, ______________________

______________________

______________________

______________________

## 5 FÜR PROFIS Ergänze: wo oder wohin? 3

1. ○ ______________ steht der Bus?
   ● An der Haltestelle.
2. ○ ______________ hält das Auto an?
   ● Hinter dem Bus.
3. ○ ______________ fährt der Bus?
   ● In die Mozartstraße.
4. ○ ______________ wartet der Taxifahrer?
   ● Vor dem Haus.
5. ○ ______________ sitzt die Katze?
   ● Im Fenster.
6. ○ ______________ rennen die Kinder?
   ● In den Park.

## 6 Was passt zusammen? Verbinde und schreib die Sätze in dein Heft. 4

1.  Hier darf man nicht — fahren.

2.  Die Einfahrt ist — abbiegen.

3.  Man kann nach rechts — parken.

4.  Man muss geradeaus — verboten.

**7** **Formuliere die Sätze um. Schreib sie in dein Heft.** 5

1. Wenn ich skate, muss ich einen Helm tragen. *Beim Skaten muss ich ...*
2. Wenn ich lerne, kann ich Musik hören.
3. Wenn ich klettere, muss ich vorsichtig sein.
4. Wenn ich laufe, muss ich auf die Autos achten.
5. Wenn ich Fahrrad fahre, darf ich nicht telefonieren.
6. Wenn ich schwimme, trage ich eine Schwimmbrille.

**8** **Satzmaschine: Schreib Sätze in dein Heft.** 6

| | | | |
|---|---|---|---|
| | | | viel lachen. |
| | | | sprechen. |
| | Lesen | muss man | fernsehen. |
| Beim | Essen | darf man nicht | telefonieren. |
| | Tauchen | kann man | eine Brille tragen. |
| | Wandern | kann man nicht | Fische sehen. |
| | Skaten | | Pilze sammeln. |
| | Spielen | | laut sein. |
| | | | hinfallen. |

**9** **a. Wo arbeiten die Personen? Kreuz an.** 8

| | | | |
|---|---|---|---|
| 1. die Gärtnerin | a. der Kindergarten | b. die Bäckerei | c. die Gärtnerei |
| 2. der Briefträger | a. der Flughafen | b. die Post | c. der Bahnhof |
| 3. die Sängerin | a. das Kino | b. die Bibliothek | c. die Oper |
| 4. der Schauspieler | a. das Eiscafé | b. das Restaurant | c. das Theater |
| 5. die Apothekerin | a. der Obstladen | b. die Apotheke | c. die Fabrik |
| 6. die Kindergärtnerin | a. die Gärtnerei | b. die Werbeagentur | c. der Kindergarten |
| 7. der Arzt | a. das Krankenhaus | b. der Zoo | c. das Museum |

**b. Schreib Sätze in dein Heft.**

*Die Gärtnerin arbeitet in der ...*

*Der Briefträger arbeitet auf ...*

**10** **a. Was passt zusammen? Verbinde.** 9

1. Anna hat wenig geschlafen,
2. Anton hat heute kein Training,
3. Wir wollen nach Deutschland fahren,
4. Annika mag Pferde,
5. Meine Schwester liest sehr gern,

a. deshalb schenke ich ihr ein Buch.
b. deshalb hat sie heute schlechte Laune.
c. deshalb lernt sie reiten.
d. deshalb kann er länger fernsehen.
e. deshalb lernen wir Deutsch.

**b. Schreib die Sätze in dein Heft.**

**11** **Wer geht wohin? Warum?** 9

das Schwimmbad • der Sportplatz • die Berge • die Bäckerei • der Zoo • der Kletterpark

Tiere mögen Alexa mag Tiere, deshalb geht sie ______

gern schwimmen ______

gern klettern ______

Kuchen mögen ______

gern wandern ______

gern Fußball spielen ______

**12** **FÜR PROFIS Ergänze die Sätze.** 9

Am Wochenende ist keine Schule, deshalb ______

Im Sommer ist es sehr warm, deshalb ______

Heute regnet es, deshalb ______

Morgen schreiben wir einen Test, deshalb ______

Meine Freundin hat am Samstag Geburtstag, deshalb ______

Ich möchte nicht krank werden, deshalb ______

## 13 Gespräch mit Antonia: Ergänze die Fragen. 11

Hast du …?

Wie …?

Wo …?

Wie …?

Wie viel …?

Welches Eis …?

Ja, ich habe eine Lieblingseisdiele.

Venezia.

Am Kurfürstenplatz.

Es schmeckt super.

80 Cent.

Erdbeereis.

## 14 a. Was passt zusammen? Verbinde. 12

Erdbeer-

-becher

-wasser

Eis-

Milch-

Kartoffel-

-sauce

Mineral-

-kaffee

-shake

Tomaten-

-suppe

Vanille-

-saft

**b. Sortiere die Wörter.**

☺ Das mag ich: ______________________________

☹ Das mag ich nicht: ______________________________

## 15 Welche Antwort passt? Kreuz an. 14

1. Hast du schon gewählt?
   a. Ja, ich nehme einen Erdbeershake.
   b. Ja, ich möchte zahlen.
   c. Ist das die Speisekarte?

2. Mit oder ohne Sahne?
   a. Mit Eis bitte.
   b. Ich möchte eine Kugel Eis.
   c. Ich nehme das Himbeereis mit Sahne.

3. Möchtest du etwas trinken?
   a. Ja, einen Apfelsaft bitte.
   b. Ja, einen Apfelkuchen bitte.
   c. Ja, mit Cola bitte.

4. Ich hätte gern Würstchen mit Brot.
   a. Mit oder ohne Brot?
   b. Kommt sofort.
   c. 90 Cent zurück.

## 16 Ergänze die Dialoge. Zwei Ausdrücke passen nicht. 14

1. ○ Hallo, ______________ eine Tomatensuppe.
   - ● In Ordnung. Und ______________?
   - ○ Ein Mineralwasser, bitte.
   - ● Kommt sofort.
   - ○ ______________.

zahlen • Das macht • haben Sie • zu trinken • Danke • ich hätte gern • tut mir leid

2. ○ Ich möchte ______________.
   - ● Du hattest eine Tomatensuppe und ein Mineralwasser, richtig?
   - ○ Ja.
   - ● ______________ 5,70 Euro.
   - ○ Hier bitte, 6 Euro.

## 17 Lies den Notizzettel. Schreib eine E-Mail: „Gestern waren wir in der Stadt“ 14

- Schuhladen: Sportschuhe kaufen
- Marktplatz, Lieblingseisdiele: neue Eissorte probieren
- Geburtstagskarte für Lena kaufen, zur Post bringen
- ins Kino gehen

Hallo …,

gestern hatten wir frei. Ich bin mit … in die Stadt … Zuerst wollten wir …

…

Und was hast du …?

Viele Grüße

…

Mein Ich-Buch 8

# LERNWORTSCHATZ

der Polizist
der Polizeiwagen
der Verkäufer
der Rollstuhlfahrer
der Motorrad-fahrer
der Taxifahrer
die Bushaltestelle
die Ampel
der Kinderwagen
der Koffer
der Zebrastreifen
das Fahrzeug
der Verkehr
das Schild
die Einfahrt
das Kaufhaus
der Pass
die Spielregel
der Job
die Bank
die Gärtnerei
die Fabrik
die Mode
die Post
der Brief
die Zeitung

die Eisdiele
das Eiscafé
die Waffel
die Sorte
die Mango
die Ananas
die Zitrone
die Nuss
die Vanille
die Erdbeere
die Himbeere
der Eisbecher
die Sahne
die Sauce
der Kaffee
der Toast
die Suppe
das Getränk
das Mineralwasser
der Milchshake
das Glas
die Speisekarte

gehören
abbiegen
überqueren
anhalten
aussteigen
wegfahren
achten (auf etwas)
aufpassen
stattfinden
teilnehmen
studieren
verdienen
nähen
drucken
erfinden
testen
verteilen
wählen
zahlen

vorsichtig
kostenlos
ähnlich
teuer

niemals
plötzlich
sofort
deshalb

Stopp!
Das ist verboten.
Wem gehört …?
Das Eis ist aus.
Tut mir leid.
Ich hätte gern …
In Ordnung.
Das macht 5 Euro.

**A** **Markiere die trennbaren Verben in der Liste.**

**B** **Was gibt es nicht? Markiere.**

Käsetoast • Ananassuppe • Milchkaffee • Kartoffeleis • Milcheis • Zitronensauce • Tomatenbecher • Erdbeerbrötchen • Nusskuchen • Vanillebrot • Kartoffelbrot

## C Was ist das? Lös das Rätsel.

1. Sie ist rot, gelb oder grün. ____________________
2. Er ist schwarz-weiß. ____________________
3. Sie ist gelb, rund und gesund. ____________________
4. Es hat zwei Räder und fährt schnell. ____________________
5. Er ist eckig und schwer. ____________________

## D Was passt?

1. in die Luisenstraße ____________________
2. nur bei Grün die Straße ____________________
3. aus dem Bus ____________________
4. auf die Autos ____________________
5. ein Kleid ____________________
6. an dem Projekt ____________________
7. Geld ____________________
8. Fotos ____________________

## E Richtig schreiben: Ergänze ei, äu oder au.

1. Der Poliz_____wagen steht vor der _____sdiele.
2. Können Sie mir die Sp_____sekarte bringen, bitte?
3. Herr Kunze ist Verk_____fer in einem großen K_____fh_____s.
4. Mein Tr_____mberuf ist Scha_____spieler.
5. Ein _____to steht in der _____nfahrt.
6. Tut mir l_____d, das _____s ist _____s.

## F Antworte.

Wohin gehst du gern in der Stadt? ____________________

Hast du eine Lieblingseisdiele? ____________________

Womit fährst du zur Schule? ____________________

**Mein Lieblingswort:** ____________________

# KOMM MIT IN DIE SCHWEIZ 9

**1** **a. Welche Sprache ist das? Verbinde.** 1

Englisch

Salut!

Hello!

Hallo!

Merhaba!

Französisch

Rätoromanisch

Türkisch

Italienisch

Ciao!

¡Hola!

Allegra!

Spanisch

Deutsch

**b. Welche Sprachen spricht man in der Schweiz?**

______________________________________________

**2** **Wo liegen die Städte?** 1

1. ____________________ und ____________________ liegen im Norden.

2. Chur liegt ________________________________.

3. ______________ liegt im Südwesten.

4. ____________________ liegt im Zentrum der Schweiz.

5. Biel liegt ______________ __________.

6. ______________ liegt im Süden.

## 3 Ergänze die Fragen. 2

**Linus:** Hallo! Könnt ihr mir helfen? Wir machen ein Projekt über die Schweiz.

Ich habe viele Fragen. Wo ____________________?

**Nina:** Sie liegt in Mitteleuropa.

**Linus:** ____________________?

**Jan:** 41 285 Quadratkilometer.

**Linus:** ____________________?

**Nina:** 7,3 Millionen.

**Linus:** ____________________?

**Till:** Sie heißt Bern.

**Linus:** ____________________?

**Jan:** Es gibt 26.

**Linus:** ____________________?

**Nina:** Deutsch, Französisch, Italienisch und Rätoromanisch.

**Linus:** Danke für eure Hilfe!

## 4 a. Was ist das? Schreib die Wörter. 3

__________ __________ __________ __________ __________

**b. Ergänze mit den Wörtern aus a. Ein Wort passt nicht.** 3

In der Schweiz gibt es mehr als 1500 __________. Der größte ist der Genfer __________. Die Schweiz stellt viel Milch und __________ her. Besonders bekannt ist der __________ aus Emmental. Den Emmentaler erkennt man an den Löchern. Die Schweizer essen viel __________. Das ist ein sehr gesundes Frühstück. Die Schweizer __________ sind besonders pünktlich.

**5** **a. Ergänze die Tabelle.** 3

Berlin • München • 357 • 375 km² • Wien • Deutsch • 83 878 km² • Deutsch • 16 • Linz • 9 • Hamburg • 8,5 Millionen • 81,7 Millionen • Graz

| Land | Deutschland | Österreich |
|---|---|---|
| Hauptstadt | | |
| Sprache | | |
| Einwohner | | |
| Fläche | | |
| Bundesländer | | |
| die größten Städte | | |

**b. FÜR PROFIS Wähl ein Land. Schreib einen Text in dein Heft.**

**6** **Was passt? Kreuz an.** 5

1. Der Hund Barry ☐ ist ☐ war der bekannteste Hund in der Schweiz.
2. Der Hund ☐ lebt ☐ lebte am Großen Sankt Bernhard Pass.
3. Barry ☐ arbeitet ☐ arbeitete als Lawinenhund.
4. Er ☐ rettet ☐ rettete über 40 Personen aus dem Schnee.
5. In der Schule ☐ lesen ☐ lasen die Kinder die Geschichte über Barry.
6. Bernhardiner ☐ sind ☐ waren heute auch als Haushunde sehr beliebt.

**7** **a. Wörterschlange: Trenn die Präteritum-Formen. Schreib sie auf.** 5

LEBTEGABSUCHTENMACHTEBEFREITENWARKONNTEN

________, ________, ________,

________, ________, ________,

________

**b. Ergänze mit den Verbformen aus a.**

Der Hund Barry ________________ von 1800 bis 1812 am Großen Sankt Bernhard Pass. Dort ________________ es nur schlechte Straßen und es ________________ sehr gefährlich, den Pass zu überqueren. Niemand ________________ die Straßen frei vom Schnee. Viele Menschen ________________ im Winter den Weg nicht finden. Die Mönche und ihre Hunde ________________ die Menschen und ________________ sie aus dem Schnee.

**8 Ergänze die Tabelle.** 5

| Infinitiv | Präteritum |
|---|---|
| ________________ | war |
| haben | ________________ |
| können | ________________ |
| ________________ | befreite |
| leben | ________________ |
| suchen | ________________ |
| ________________ | machte |
| geben | ________________ |

**9 Lies die Informationen und schreib einen Text.** 6

Der Schäferhund ist ... cm groß und ... kg schwer. Er ...

**DER SCHÄFERHUND**

Größe: 60–65 cm
Gewicht: 20–40 kg
Farbe: schwarz, schwarz-braun, wolfsgrau
Fell: sehr dicht, glatt
Eigenschaften: intelligent, freundlich, treu, kinderlieb, kräftig, geduldig
geeignet als: Beschützer, Rettungshund, Polizeihund

## 10 Bilde 6 Wörter. Schreib sie mit dem Artikel auf. ↗ 8

| | |
|---|---|
| | -bohne |
| Trink- | -tafel |
| Schokoladen- | -manufaktur |
| Kakao- | -rezept |
| See- | -fahrer |
| | -schokolade |

## 11 Markiere die Verben im Präteritum. Schreib den Infinitiv an den Rand. ↗ 8

Die Azteken lebten vor 600 Jahren im heutigen Mexiko. Sie kannten ein Getränk aus Wasser, Kakao und Pfeffer. Sie nannten es „Xocólatl". Es schmeckte sehr bitter. Spanische Seefahrer brachten im 16. Jahrhundert die Kakaobohnen nach Europa. Man gab Zucker und Vanille in die Trinkschokolade. Seitdem schmeckt die Trinkschokolade süß. Die erste Schokoladentafel stellte eine englische Firma her. 1879 baute Rodolphe Lindt eine Maschine. Damit rührt man die Schokoladenmasse stundenlang. Bis heute verwendet man diese Maschine bei der Schokoladenherstellung.
Im 19. Jahrhundert eröffneten viele Schokoladenmanufakturen und verkauften immer mehr Schokolade. Heute sind es weltberühmte Schokoladenmarken.

leben, ______

## 12 Die Geschichte der Kartoffel: Ergänze seit, vor, im. ↗ 8

Schon ______ 7000 Jahren kannten die Inkas in Südamerika die Kartoffel, aber erst ______ 450 Jahren gibt es Kartoffeln auch in Europa. ______ 16. Jahrhundert brachten Seefahrer die Kartoffel nach Europa. ______ Jahr 1589 kamen die ersten Kartoffelpflanzen nach Deutschland, aber niemand wollte das Gemüse essen. ______ 17. Jahrhundert gab man die Kartoffel nur den Tieren zum Fressen. Erst ______ dem 18. Jahrhundert essen auch die Menschen die Kartoffel.

## 13 Ordne die Jahreszahlen und schreib sie in Zahlen. 9

achtzehnhundertachtundvierzig neunzehnhundertneunundsechzig ~~zwölfhunderteinunddreißig~~ zweitausendsiebzehn siebzehnhundertachtundneunzig vierzehnhundertzweiundneunzig

1231, ______, ______, ______, ______, ______

## 14 Was schmeckt besser? Schreib Sätze in dein Heft. 9

... schmeckt besser als ...

... schmeckt nicht so gut wie ...

... schmeckt genauso gut wie ...

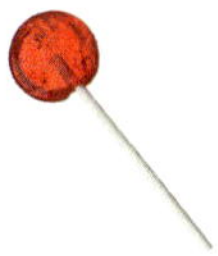

## 15 Das wollen Kinder wissen: Ergänze die Fragen. 9

______ wann gibt es Handys?

______ erfand man den Fußball?

______ Jahrhundert lebten die Wikinger?

______ wie vielen Jahren erfand man die Ampel?

______ kam die Banane nach Europa?

______ wann gibt es Toiletten?

Mein Ich-Buch 9

# LERNWORTSCHATZ

der Süden
der Norden
der Osten
der Westen
der Einwohner
die Million
der Kanton
die Fläche
der Quadratkilometer ($km^2$)
die Hauptstadt
das Quiz
das Symbol
das Gericht
die Herstellung
das Loch
die Frucht
die Limonade

der Held
das Fell
der Mönch
der Pass (Bergübergang)
die Lawine
der Tod
die Ausstellung
der Beschützer
die Rettung
das Jahrhundert
der Seefahrer
die Kakaobohne
das Rezept
der Zucker
der Pfeffer
die Erfindung
die Maschine
die Manufaktur
der Kaugummi
das Gummibärchen
der Lolli
die Sachertorte
der Tourist
die Zunge

probieren
bestehen aus
verbinden
entwickeln
retten
züchten
verschütten
befreien
kennen
nennen
bringen
erobern
ändern
dauern
rühren
eröffnen
schmelzen

bekannt
weltberühmt
erfolgreich
kräftig
freundlich
treu
kinderlieb
geduldig
intelligent
dicht
bitter
süß
langsam
spanisch

irgendein
kaum
nämlich
damals
einige
etwa
seit

Achtung!

**A** **Was mögen die Deutschprofis?**

## B Was passt nicht?

1. der Mönch • der Seefahrer • die Lawine • der Beschützer
2. die Sachertorte • das Loch • die Gummibärchen • der Lolli
3. der Kanton • der Norden • der Osten • der Westen
4. die Herstellung • das Jahrhundert • die Maschine • die Manufaktur
5. die Einwohner • die Fläche • der Quadratkilometer • die Rettung

## C Richtig schreiben: Ergänze die Schilder mit ng oder nk.

Eine tolle Ausstellu___
im Schokoladenmuseum

**Achtu_____!**
Bahnüberga_____!

SPEISEN UND
GETRÄ_____E

Keine A_____st vor Kra_____heiten!
Tri_____en Sie VitaCe.
Das ist Ihre Rettu_____.

**Vorsicht,**
**Schla_____en!**

## D Schreib das Gegenteil.

schnell – ____________ unfreundlich – ____________

schwach – ____________ unbekannt – ____________

bitter – ____________ ungeduldig – ____________

erfolglos – ____________ untreu – ____________

## E Antworte.

Seit wann lernst du Deutsch? ____________

Wie lange kennst du schon die Deutschprofis? ____________

Wann war der letzte Deutschtest? ____________

Wann hast du Ferien? ____________

Mein Lieblingswort:

# 10 AUS ALTEN ZEITEN

**1** **Wer ist das? Schreib auf.** 1

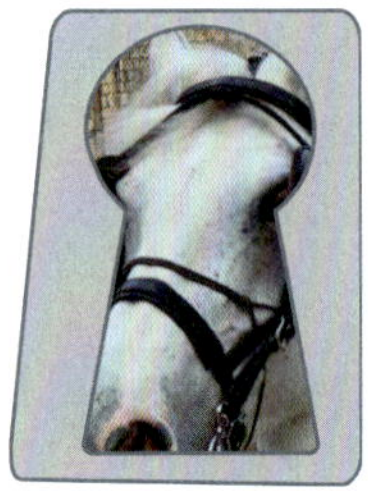

1. ______ 2. ______ 3. ______ 4. ______

**2** **Was ist richtig? Kreuz an.** 2

1. Die Ritter lebten ☐ auf einer Burg. ☐ in einem Schloss.
2. Es gab ☐ kein Licht. ☐ nur Kerzenlicht.
3. Die Menschen aßen ☐ jeden Tag Fleisch. ☐ nur an Festtagen Fleisch.
4. Die Ritter kämpften ☐ mit einem Messer. ☐ mit einem Schwert.
5. Zum Schutz vor Pfeilen trugen sie ☐ ein Ritterkostüm. ☐ ein Kettenhemd.
6. Die Ritterrüstung war ☐ leicht. ☐ sehr schwer.

**3** **Was passt? Ergänze.** 2

Die Ritter ______ (kämpften / beschützten) den König. Sie ______ (lebten / gaben) auf einer Burg. Sie ______ (beschützten / ritten) in Rüstungen auf Pferden. Alle Ritter ______ (trugen / führten) ein Kettenhemd, einen Helm und einen Brustpanzer. Sie ______ (aßen / kämpften) mit dem Schwert.

**4** **a. Wörterschlange: Markiere die Präteritum-Formen.** 3

WARLOKÄMPFTEGAILEBTEFUHATTELMTRUGENURFÜHRTERTGAB

**b. Ergänze mit den Verbformen aus a.**

1. Der König ______________ sehr reich.
2. Er ______________ auf einer Burg. Dort ______________ es nur Kerzenlicht.
3. Er und seine Frau ______________ eine Krone.
4. Der König ______________ viele Kriege. Er ______________ auch mit dem Schwert.
5. Jede Königsfamilie ______________ ein Wappen.

**5 Wie war das Leben im Mittelalter? Wie ist es heute? Schreib Sätze wie im Beispiel.** 4

auf einer Burg leben • in Wohnungen leben
wenig Gemüse essen • viel Gemüse essen
T-Shirts tragen • ein Kettenhemd und einen Helm tragen
mit Kerzen Licht machen • mit Lampen Licht machen
mit wenig Gewürzen kochen • mit vielen Gewürzen kochen

*Im Mittelalter lebte man … Heute lebt man …*

**6 FÜR PROFIS Die Wikinger: Was passt? Verbinde und schreib Sätze.** 4

| | |
|---|---|
| vor über 1000 Jahren an der Ostsee | wohnen |
| Seefahrer | leben |
| ihre Drachenschiffe | trinken |
| Bier oder Wein | essen |
| viel Fisch | schnell fahren |
| mit der ganzen Familie in einem Langhaus | sein |
| im Winter viele Feste | feiern |

*Die Wikinger lebten … Sie waren …*

## 7 Welche Figur aus „Aschenputtel“ ist das? Lös das Rätsel. ↗ 5

| | | | | | | | | | | | | | | | |
|---|---|---|---|---|---|---|---|---|---|---|---|---|---|---|---|
| 1. | | | | | | | M | | | | | | | | |
| | | | | | | | Ä | | | | | | | | |
| 2. | | | | | | | R | | | | | | | | |
| 3. | | | | | | | C | | | | | | | | |
| | | | | | | | H | | | | | | | | |
| 4. | | | | | | | E | | | | | | | | |
| 5. | | | | | | | N | | | | | | | | |

1. Sie hat zwei Töchter und sie ist böse.
2. Er tanzt den ganzen Abend mit Aschenputtel.
3. Sie sind schön, aber sie haben kein gutes Herz.
4. Sie helfen Aschenputtel bei der Arbeit.
5. Er möchte, dass sein Sohn heiratet.

## 8 Lies und ordne zu. ↗ 7

**A** Der Schuh passte nur Aschenputtel und so brachte der Bote das Mädchen ins Schloss. Bald darauf feierten der Prinz und Aschenputtel ihre Hochzeit.

**B** Eines Tages feierte der König ein Fest. Die Stiefschwestern gaben Aschenputttel viel Arbeit und gingen zum Fest. Doch die Vögel halfen Aschenputtel.

**C** Der Vater heiratete eine neue Frau. Das Mädchen musste für die Stiefmutter und ihre Töchter arbeiten. Sie nannten das Mädchen Aschenputtel.

**D** Der Prinz war unglücklich und wollte die unbekannte Prinzessin finden. Alle Mädchen im Land mussten den Schuh anprobieren.

**E** Aschenputtel kam in einem wunderschönen Kleid zum Fest und tanzte den ganzen Abend nur mit dem Prinzen.

**F** Es war einmal ein Mädchen, das lebte glücklich mit Vater und Mutter. Doch die Mutter wurde krank und starb. Das Mädchen weinte sehr.

**G** Aber um Mitternacht musste Aschenputtel schnell nach Hause laufen. Dabei verlor es im Schloss einen Schuh.

**9** **a. Was passt? Verbinde.** 7

1. Als Aschenputtels Mutter starb,
2. Als der Vater eine neue Frau heiratete,
3. Als der König ein Fest gab,
4. Als die Schwestern das hörten,
5. Als Aschenputtel zum Fest kam,
6. Als die Uhr zwölf schlug,
7. Als Aschenputtel nach Hause lief,
8. Als der Bote den Schuh brachte,
9. Als der Prinz Aschenputtel sah,

a. verlor es einen Schuh.
b. war er sehr glücklich.
c. wollte auch Aschenputtel hingehen.
d. lachten sie Aschenputtel aus.
e. musste Aschenputtel nach Hause laufen.
f. erkannte es niemand.
g. war das Mädchen sehr traurig.
h. probierte ihn auch Aschenputtel an.
i. musste Aschenputtel viel arbeiten.

**b. Schreib die Sätze in dein Heft.**

**10** **Wie war das? Schreib Sätze wie im Beispiel. Schreib sie in dein Heft.** 7

1. Ich bin beim Fahrradfahren hingefallen. Ich hatte Schmerzen.

   Als ich beim Fahrradfahren hingefallen bin, hatte ich Schmerzen.

2. Ich habe meine Geburtstagsgeschenke bekommen. Ich habe mich sehr gefreut.
3. Wir haben gestern das Fußballspiel verloren. Wir waren traurig.
4. Ich bin das erste Mal allein zu meinen Großeltern gefahren. Ich hatte keine Angst.
5. Ich habe meine Jacke verloren. Meine Eltern waren nicht glücklich.
6. Ich war in den Ferien am Meer. Ich habe viele Muscheln gesammelt.

**11** **Antworte.** 7

1. ○ Wann hast du lesen gelernt? ● Als ich ______________ Jahre alt war.
2. ○ Wann hast du das erste Wort geschrieben? ● Als ______________
3. ○ Wann hast du das schönste Geschenk bekommen? ● Als ______________

   ______________
4. ○ Wann hast du mit dem Deutschlernen angefangen? ● Als ______________

   ______________
5. ○ Wann hast du ein großes Fest gefeiert? ● Als ______________
6. ○ Wann warst du traurig? ● Als ______________

   ______________

## 12 Ergänze: als oder wenn? 9

1. ______ ich noch nicht lesen konnte, las mir meine Oma viele Märchen vor.
2. ______ sie mir zum ersten Mal „Aschenputtel“ vorlas, fand ich die Geschichte sehr schön.
3. ______ ich lustige Bücher lese, habe ich gute Laune.
4. ______ ich klein war, fand ich das Märchen „Die Bremer Stadtmusikanten“ sehr lustig.
5. Ich denke immer an meine Oma, ______ im Fernsehen ein Märchenfilm kommt.

## 13 Was passt? Ergänze. 9

weil • dass • als • wenn

Mein Freund hat mir erzählt, ______ er in einer Theater-AG mitmacht. ______ ich einmal ein Plakat gesehen habe, bin ich zur Vorstellung gegangen. Das Stück hat mir gut gefallen, ______ es sehr lustig war. Es war besonders witzig, ______ mein Freund auf der Bühne gesungen hat. Danach hat er mir gesagt, ______ er ganz schön aufgeregt war. Ich glaube nicht, ______ ich einmal Theater spielen möchte. Ich mache immer viele Fehler, ______ ich ein Gedicht aufsagen muss.

## 14 Kombiniere und schreib wie im Beispiel. 10

| | | |
|---|---|---|
| der<br>das<br>die | + | große<br>arme<br>schöne<br>böse<br>alte<br>kluge<br>starke | + |

der große Zauberer, ______

______

## 15 Ergänze die Wörter im Märchen. 10

Die wund______ Prinzessin Mariella lebte in einem Schloss. Das gr______ Schloss war sehr schön. Im Schloss lebten auch der sta______ König, die klu______ Königin und die mu______ Ritter.

Einmal besuchte Mariella den Markt. Plötzlich sah sie eine Frau. Die al______ Frau gab Mariella zwei Äpfel und fragte: „Welchen Apfel möchtest du essen: den ro______ oder den gel______?" Mariella dankte der Frau und nahm den ro______ Apfel. Als sie in den sü______ Apfel biss, schlief sie sofort ein …

## 16 Was gefällt dir? Was gefällt dir nicht? Wähl aus. 10

Mir gefällt die bunte … Mir gefallen die … nicht.

## 17 FÜR PROFIS Wo fehlt die Endung? Ergänze. 10

1. ○ Wie findest du das grün____ Kleid?
   ● Ganz gut, aber das gelb____ gefällt mir besser.
2. ○ Probier mal den lecker____ Kuchen!
   ● Danke, aber der ist mir zu süß____.
3. ○ Wem gehören die rot____ Stifte?
   ● Ich weiß nicht. Mir gehören die blau____.
4. ○ Findest du die deutsch____ Sprache schwer?
   ● Nein, aber auch nicht leicht____.

Mein Ich-Buch 10

# LERNWORTSCHATZ

der Wächter
die Lanze
der König
die Königin
die Krone
die Kutsche
das Wappen
die Universität (Uni)
das Mittelalter
der Ritter
die Rüstung
die Kerze
das Licht
der Festsaal
das Salz
der Wein
das Bier
das Obst
das Gemüse
das Gewürz

das Schwert
das Hemd
der Pfeil
der Handschuh
der Schild
das Burgfräulein
das Märchen
das Grab
die Träne
die Stiefmutter
die Asche
die Braut
die Hochzeit
das Gold
das Silber
der Bote
das Volk
das Theaterstück
die Theatergruppe
die Vorstellung
das Publikum
die Bühne

das Lampenfieber
die Rolle
die Stimme
das Gefühl
die Hexe
der Fuchs
das Gespenst
der Zauberer
die Fee

reich
arm
zufrieden
böse
schmutzig
wunderschön
fremd
unbekannt
aufgeregt
mächtig
schlau

bewachen
beschützen
Krieg führen
kämpfen
sterben
würzen
pflanzen
heiraten
aussuchen
anziehen
passen
rufen
versuchen
erkennen
schlagen
proben
gründen

gegeneinander
als
doch

**A** **Ergänze die Präteritum- und Perfekt-Formen der Verben. (Schlag auf S. 104–105 nach.)**

**B** **Verbinde die Dominosteine.**

würzen | die Burg

anziehen | im Krieg

pflanzen | das Essen

bewachen | das Kleid

sterben | einen Baum

## C Ergänze mit Wörtern.

M
Ä
R
C
H
E
N

T
H
E
A
T
E
R O L L E

## D Schreib das Gegenteil.

reich – ______________________

gut – ______________________

ruhig – ______________________

unzufrieden – ______________________

sauber – ______________________

bekannt – ______________________

## E Schreib das Wort mit dem Artikel.

1. eine Universität für Kinder die Kinderuniversität
2. ein Hemd aus Ketten ______________________
3. eine Krone aus Gold ______________________
4. ein Helm für Ritter ______________________
5. ein Kostüm für Hexen ______________________
6. ein Ring aus Silber ______________________

## F Antworte.

Was ist dein Lieblingsmärchen? ______________________

Wer sind die Hauptfiguren im Märchen? ______________________

Wie sind sie? ______________________

Wie endet das Märchen? ______________________

Mein Lieblingswort: ______________________

# 11 DAS FINDE ICH SPANNEND

**1** **Was machen die Kinder? Schreib Sätze.** 1

A

Sie liest eine

B

C

D

E

F

**2** **Was erzählt Felix? Schreib den Text richtig in dein Heft.** 3

Ich höre nie erchtanNich, das finde ich langweilig. Ich mag elpöHirse, die höre ich unterwegs im Bus. Ich sehe gern fern, am liebsten sunngSerotdenp oder tircheBe über Tiere. Manchmal sehe ich auch ein ziuQ an. Und du?

**3** **a. Lös das Rätsel. Schreib auf.** ↗ 4

1. ein Quiz
2. Nachrichten
3. eine Sportsendung
4. ein Bericht
5. ein Film

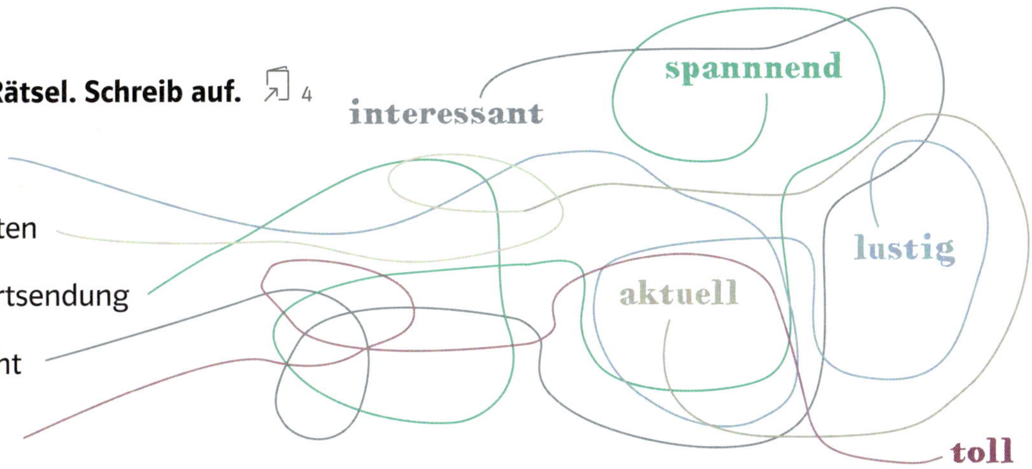


1. *ein lustiges* ______________________
2. ______________________
3. ______________________
4. ______________________
5. ______________________

**b. Was kommt im Fernsehen / im Radio? Schreib Sätze.**

immer • jeden Tag • oft • manchmal • selten • nie

*Im Fernsehen kommt manchmal …*

**4** **Ergänze das Plakat.** ↗ 5

Liebe Filmfans!

Am **14. April** starten wieder die **Kinderfilmtage.**

Zu Beginn kommt ein neu___ Film aus unserem Gastland Argentinien. Danach führen wir ein Gespräch mit den Schauspielern.
Ab Dienstag könnt ihr jeden Tag viele interessant___ Filme sehen. Unser aktuell___ Thema ist Freundschaft. Eine Woche lang präsentieren wir einen bunt___ Mix aus Kurzfilmen, Spielfilmen, Zeichentrickfilmen und vielem mehr.
Zu den Filmen gibt es ein spannend___ Quiz, ihr könnt toll___ Preise gewinnen. Der Hauptpreis ist eine Einladung zu einem Filmdreh. Ein besonders toll___ Erlebnis ist die Trickfilmwerkstatt, die jeden Tag von 10 bis 16 Uhr geöffnet ist.
Unser aktuell___ Programm und alle Termine findet ihr ab 14. März im Internet.

**Wir freuen uns auf euren Besuch!**

## 5 Ergänze die Kommentare im Internetforum. 5

| CELIA | NEUER FILM! |
|---|---|
| Im Kino läuft seit 2 Wochen ein neu___ Film. Habt ihr ihn schon gesehen? | |
| SELINA | Meinst du „König Laurin"? Das ist ein toll___ Fantasyfilm, er hat von einer Kinderjury Preise bekommen. |
| TIM | Also ich finde, das ist keine spannend___ Geschichte, aber die Schauspieler sind gut. |
| SELINA | Ja, Florian Burgkart ist wirklich ein toll___ Schauspieler! |
| LISA | Der Film hat auch eine schön___ Filmmusik, finde ich. |
| NICO | Die Musik interessiert mich nicht. Aber es gibt schön___ Kostüme aus dem Mittelalter. |

## 6 Wer möchte was sehen? Schreib Sätze wie im Beispiel. 5

| | | | |
|---|---|---|---|
| Mutter: | Film • französisch | Vater: | Nachrichten • aktuell |
| Tochter: | Serie • neu | Opa: | Bericht • wissenschaftlich |
| Sohn: | Quiz • witzig | Oma: | Musiksendung • beliebt |

*Die Mutter möchte einen französischen Film sehen.*

## 7 Was fehlt auf dem Bild? Lies den Text und mal das Bild fertig. 5

Pippi, Thomas und Annika sind im Garten. Pippi klettert auf einen großen Kastanienbaum. Auf dem Baum sitzt auch Pippis kleiner brauner Affe, Herr Nilson. Annika sitzt unter dem Baum und schreibt in ein blaues Heft. Annika hat blonde Haare und trägt ein rotes T-Shirt. Thomas trägt eine grüne Baseballmütze. Er sammelt Kastanien und legt sie in eine gelbe Kiste aus Holz. Im Garten ist auch ein schwarzes Pferd. Es frisst Gras.

## 8 Was passt? Verbinde. Schreib die Sätze in dein Heft. ↗ 7

| | | |
|---|---|---|
| 1. Das ist eine Sendung | für | interessante Ereignisse in der Welt. |
| 2. Sie ist | seit | 12 bis 15-jährige Kinder. |
| 3. Sie läuft schon | aus | 25 Jahren. |
| 4. Sie kommt immer samstags | über | 14 Uhr. |
| 5. Die Sendung präsentiert Themen | ab | Technik und Wissenschaft. |

## 9 Interview mit Oliver: Schreib die Fragen in dein Heft. ↗ 7

Siehst du …?

Was für …?

Wie …?

Wann …?

Welche …?

Warum …?

Ja, zusammen mit meinen Eltern.

Ich mag Tiersendungen und Serien.

Meine Lieblingssendung heißt pur+.

Jeden Sonntag.

Verschiedene Themen aus Wissenschaft, Sport und vieles mehr.

Ich mag die Sendung, weil ich viel Interessantes erfahre.

## 10 Was passt zusammen? Verbinde und schreib die Sätze. ↗ 8

| | |
|---|---|
| 1. „Emil und die Detektive“ ist ein Buch, | der seit 1976 im deutschen Fernsehen läuft. |
| 2. „Asterix und Obelix“ sind Comicfiguren, | die die Abenteuer von der 12-jährigen Mia zeigt. |
| 3. „Tom und Jerry“ ist ein Zeichentrickfilm, | das alle Kinder kennen. |
| 4. „This One’s For You“ ist ein Song, | die in der ganzen Welt bekannt sind. |
| 5. „Mia and me“ ist eine Serie, | den David Guetta für die Fußball-Europameisterschaft geschrieben hat. |

1. ______________________________

2. ______________________________

3. ______________________________

4. ______________________________

5. ______________________________

**11** **Ergänze die Dialoge.** 9

1. ○ Kennst du David Alaba?
   ● Meinst du den österreichischen Fußballspieler, ______ bei Bayern München spielt?

2. ○ Wer ist Shaun?
   ● Das ist ein Schaf, ______ sehr klug ist. Die Trickfilmserie mit Shaun ist sehr lustig.

3. ○ Wie heißt der bekannte Tennisspieler, ______ aus der Schweiz kommt?
   ● Ich glaube, er heißt Roger Federer.

4. ○ Ist das der Mathelehrer, ______ so streng ist?
   ● Nein, das ist Herr Winter, ______ die Theater-AG gegründet hat. Er ist sehr nett.

**12** **Verbinde. Schreib Sätze in dein Heft.** 9

| | |
|---|---|
| ein Hund | ist sehr sportlich |
| ein Junge | spielt gern mit Kindern |
| ein Mädchen | hilft immer |
| ein guter Freund | ist klug und lustig |

*Maja ist ein Mädchen, das ... ist.*

**13** **FÜR PROFIS** **Ergänze die Sätze.** 9

Ich habe einen Freund, *der* ______________________

Ich möchte ein Haustier, ______________________

Wir haben eine Nachbarin, ______________________

Mir gefallen Fernsehsendungen, ______________________

**14** **Ergänze den Leserbrief.** 12

**FÜR PROFIS** **Deck den Kasten ab und ergänze so den Text.**

Angst • ausschal-ten • Streit • süchtig • stimmt • weiter • manchmal

Liebe Redaktion!

Ich habe jeden Tag ______________ mit meinen Eltern, weil ich am Computer spielen will. Meine Mutter muss oft am Computer arbeiten, aber sie will mir kein eigenes Gerät kaufen. Sie sagt, das ist zu teuer und ich bin noch zu jung. Meine Eltern haben ______________, dass ich ______________ werde, wenn ich zu lange am Computer sitze. Aber ich will doch nur ______________ ein bisschen spielen. Mein Vater sagt schon nach einer halben Stunde, ich soll jetzt den PC ______________. Das geht so nicht ______________. Ich will nicht jeden Tag streiten, ich möchte aber auch spielen. Meine Freunde machen das auch. Und es ______________ nicht, dass man so schnell süchtig wird.

**15** **Wer soll was machen? Schreib die Sätze in dein Heft.** 14

Martin, gib bitte der Nachbarin die Schüssel zurück. Sie hat schon danach gefragt. Danke!

Lieber Opa, lös bitte noch die drei Matheaufgaben. Ich bin nicht fertig, aber ich musste zum Training. Danke!!!

Lisa, kauf bitte Hundefutter. Es ist alle!

Kinder! Esst bitte ohne mich. Ich komme heute später. Küsschen, Mama

Vergiss deine Sportsachen nicht, Felix. Sie sind in deinem Zimmer.

Martin soll ...

**16** **Was sagt die Lehrerin? Was sagen die Eltern? Schreib die Sätze in dein Heft.** 14

Iss dein Frühstück!

Arbeitet schneller!

Zieh eine Mütze an.

Macht eine Pause!

Schreibt schön!

Räum deinen Schreibtisch auf!

Lest den Text zweimal!

Die Lehrerin sagt, wir sollen ...

Die Eltern sagen, ich soll ...

Mein Ich-Buch 11

# LERNWORTSCHATZ

die Zeitschrift
die Kurznachricht
das Smartphone
die App
der Sender
die Sendung
die Show
die Nachrichten
die Serie
das Magazin
der Bericht
die Meldung
der Mix
das Thema
die Wissenschaft
die Umwelt
die Technik
die Politik
die Welt
das Ereignis
der Moderator
das Internat
die Filmfigur

der Humor
der Bildschirm
die Langeweile
der Alkohol
die Zigarette
die Liste
der Zahnarzt
das Mittagessen

verschicken
surfen
herunterladen
senden
informieren
präsentieren
leiten
beantworten
ausschalten
chatten
interessieren
verbieten
einhalten
rausgehen
unternehmen
den Wecker stellen
sollen

aktuell
kompliziert
politisch
verständlich
faul
fett
süchtig
pünktlich
rechtzeitig

gerade
ab 14 Jahren
häufig
selten
stundenlang
besonders

Was für ein/e?

Was läuft im Fernsehen?
Guten Appetit!

**A** **Ergänze die Präteritum- und Perfekt-Formen der Verben. (Schlag auf S. 104–105 nach.)**

**B** **Brückenwörter: Was fehlt? Schreib die Wörter auf.**

POP ........ ........ SENDUNG ______________

SPIEL ........ ........ FIGUR ______________

FREI ........ ........ SCHRIFT ______________

HAUS ........ ........ FILM ______________

## C Was passt zusammen? Schreib die Wörter mit Artikel in dein Heft.

Zeit- | -essen | Zahn- | -schrift | Bild- | -nachricht

-schirm | Kurz- | -figur | Film- | -arzt | Mittag-

## D Was passt zusammen? Verbinde.

| | |
|---|---|
| Kurznachrichten | informieren |
| den Computer | stellen |
| im Internet | verschicken |
| etwas Interessantes | ausschalten |
| den Wecker | surfen |
| über Politik und Umwelt | unternehmen |

## E Ergänze: Wie lange? Wie oft?

1. ○ ______________ hast du gestern gechattet? ● Zwei Stunden.
2. ○ ______________ bekommst du Kurznachrichten? ● Nie. Ich habe kein Smartphone.
3. ○ ______________ siehst du fern? ● Selten. Ich spiele lieber am Tablet.
4. ○ ______________ dauert der Film? ● 80 Minuten.

## F Antworte.

Wie oft siehst du fern? ______________________________

Welche Sendungen findest du interessant? ______________________________

Hast du eine Lieblingssendung? ______________________________

Warum magst du diese Sendung? ______________________________

Mein Lieblingswort: ______________

# 12 SO IST SCHULE BEI UNS

**1** **a. Welche Wörter sind das? Sortiere.** ↗ 1

Schul-

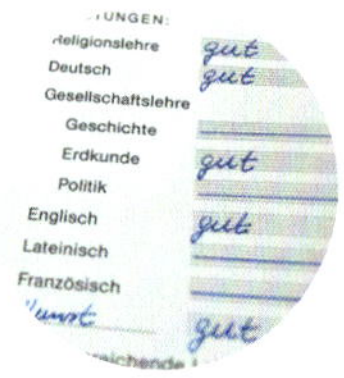

| der | das | die |
| --- | --- | --- |
| ______ | ______ | ______ |
| ______ | ______ | ______ |
| | | ______ |

**b. Trag die Wörter aus a ein.**

1. Kleidung, die alle Schüler tragen ______
2. ein Dokument mit Noten, das die Schüler bekommen ______
3. ein Möbelstück zum Sitzen in der Schule ______
4. ein Verkehrsmittel, das die Schüler in die Schule bringt ______
5. ein Ereignis, das alle Schüler zusammen feiern ______

**2** **Was passt? Ergänze. Achte auf die Endung.** ↗ 2

1. Die ______ Schüler müssen auch samstags in die Schule gehen.
2. Die ______ Schüler gehen neun Jahre zusammen in die Schule.
3. Die ______ Schüler tragen ein Schul-T-Shirt.
4. Die ______ Schüler haben Noten bis 20.
5. Die ______ Schüler müssen keine Prüfungen machen.

dänisch • chinesisch • französisch • italienisch • brasilianisch

## 3 Ordne die zwei Texte. Schreib sie in dein Heft. 3

1 Hallo, ich heiße Lena und lebe in einem Dorf in Russland. Ich gehe in die fünfte Klasse. …

2 Hi, ich bin Ben und komme aus Schweden. …

**A** Bis zur 10. Klasse bekommen schwedische Schüler keine Noten.

**B** Wir haben auch kleine Klassen und mir gefällt es, dass wir viel in Gruppen arbeiten.

**C** Unsere Dorfschule ist klein.

**D** Ich mag es nicht, dass alles so weit weg ist.

**E** Ich mag zum Beispiel Spanisch und Italienisch.

**F** Ich finde es gut, dass die Lehrer für jeden Schüler viel Zeit haben.

**G** Ich finde es gut, dass wir so weniger Stress haben.

**H** Aber ins Kino oder ins Stadion muss ich mit dem Bus fahren.

**I** Ich finde es nicht so gut, dass wir alle als erste Sprache Englisch lernen.

## 4 FÜR PROFIS Wie ist deine Meinung? Schreib Sätze in dein Heft. 3

zwei Tage in der Woche frei haben
am Nachmittag Unterricht haben
nur Laptops, keine Lehrbücher haben
immer dreißig Minuten Pause haben
keine Noten bekommen
drei Monate lang Sommerferien haben

*Ich finde es gut, wenn die Schüler … Es gefällt mir nicht, wenn …*

## 5 Interview mit Timo: Schreib die Fragen in dein Heft. 7

Welche …?
Wie lange …?
Was …?
Wie …?
…?
Was …?

Die Fahrradprüfung.
Vier Wochen.
Wir mussten sicher fahren, rechts und links abbiegen, anhalten.
Der schriftliche Teil war nicht leicht.
Ja!
Einen Fahrradpass und einen Aufkleber.

## 6 Ergänze: weil oder denn? 9

1. Ich lerne viel, __________ ich möchte nicht sitzen bleiben.
2. Der Polizist hält den Fahrradfahrer an, __________ er ohne Licht fährt.
3. Ihr dürft noch nicht mit dem Fahrrad zur Schule fahren, __________ ihr kennt die Verkehrsregeln nicht.
4. Peter muss die Prüfung wiederholen, __________ er hatte zu viele Fehler im Test.
5. Anna schaltet den Computer aus, __________ sie nicht mehr im Internet surfen will.
6. Die Eltern haben einen Brief bekommen, __________ es in der Schule Probleme gibt.

## 7 Wer möchte was werden und warum? Ordne zu. Schreib Sätze wie im Beispiel. 9

Oliver, Tierarzt 

 Aziza, Sängerin

Finn, Gärtner 

viele Fans haben
in viele Länder reisen
viel Geld verdienen
den kranken Tieren helfen
den Menschen helfen
mit Kindern arbeiten
in der Natur arbeiten

Julia, Kindergärtnerin 

 Katrin, Polizistin

Lucas, Pilot 

 Luisa, Tennisspielerin

*Oliver möchte Tierarzt werden, denn er will den kranken Tieren helfen.*

## 8 Was passt? Kreuz an. Schreib die Sätze in dein Heft. 10

| | mich | dich | sich | uns | euch | |
|---|---|---|---|---|---|---|
| 1. Ich freue | ☐ | ☐ | ☐ | ☐ | ☐ | immer, wenn du anrufst. |
| 2. Lea und Linus treffen | ☐ | ☐ | ☐ | ☐ | ☐ | in der Bibliothek. |
| 3. Warum ärgerst du | ☐ | ☐ | ☐ | ☐ | ☐ | ? |
| 4. Ich fühle | ☐ | ☐ | ☐ | ☐ | ☐ | heute super. |
| 5. Matthias langweilt | ☐ | ☐ | ☐ | ☐ | ☐ | zu Hause. |
| 6. Wie fühlt ihr | ☐ | ☐ | ☐ | ☐ | ☐ | in der neuen Schule? |
| 7. Wo treffen wir | ☐ | ☐ | ☐ | ☐ | ☐ | heute Abend? |

## 9 Satzmaschine: Schreib Sätze in dein Heft. 10

| | | | |
|---|---|---|---|
| | langweilt | sich | mit einem Freund. |
| Ich | ärgere | mich | zu Hause. |
| Wir | freuen | uns | so sehr. |
| Lisa | treffen | euch | schlapp. |
| Du | fühlst | dich | nach der Schule. |
| Die Schüler | trefft | | vor dem Kino. |
| Ihr | trifft | | jetzt. |

## 10 Ergänze die Dialoge. 10

1. • __________ ihr __________ um fünf?
   ○ Nein, wir __________ __________ schon um halb fünf vor dem Kino.
2. • Warum __________ ihr __________ so? Lacht doch mal!
   ○ Der Film war nicht so interessant. Wir haben __________ __________.
3. • Wie geht es dir? __________ du __________ gut?
   ○ Ja, ich __________ __________ viel besser als gestern.
4. • Morgen beginnen die Ferien. __________ du __________?
   ○ Ja, klar! Ich __________ __________ jeden Tag mit Freunden und wir gehen zum See.

## 11 Schreib Sätze zu den Bildern. 11

## 12 Ergänze die Dialoge: ins, in den, in die, zum. 13

1. • Wollen wir heute __________ Kino gehen?
   ○ Da waren wir schon am Samstag. Ich möchte lieber __________ Fußballspiel.
2. • Ich gehe heute __________ Schwimmbad. Kommst du mit?
   ○ Ich kann leider nicht. Ich muss __________ Schule zurück. Wir haben Theaterprobe.
3. • Kommst du mit __________ Park? Ich möchte Skateboard fahren.
   ○ Wir gehen heute __________ Stadtfest. Komm doch auch mit.

## 13 Sieh das Kinoprogramm an. Ergänze den Dialog. 13

| Rico, Oskar und der Diebstahlstein | Die Baumhauskönige | Ronja Räubertochter |
|---|---|---|
| *Spielfilm, Deutschland, 2016* | *Spielfilm, Deutschland, 2016* | *Fantasyfilm, Schweden, 1984* |
| Do, 15.00 Uhr | Fr, 15 Uhr | Di, 15 Uhr |
| Sa, 17 Uhr | So, 11 Uhr | Mi, 17 Uhr |

• Hallo Emma!

○ Hallo Marie! Wollen wir am Dienstag ins Kino gehen?

• Ja, tolle __________. __________ möchtest du gehen?
Um drei. __________ du da?

○ Ja, da kann ich. Aber was läuft um drei?

• Da kommt ______________________________.

○ Das habe ich schon ______________________.

• Schade. Und am Donnerstag um drei? Da läuft __________________.
Das ist bestimmt lustig.

○ Hm. Am liebsten möchte ich „Die Baumhauskönige" sehen.

• Okay. Das kommt am Freitag um __________.

○ Das passt! Dann __________ wir uns am Freitag um Viertel
vor drei vor dem Kino.

**14** **Was passt? Kreuz an.** 15

1. Hörst du lieber Musik ☐ und ☐ denn ☐ oder machst du lieber Sport?
2. Ich komme gern zu dir, ☐ und ☐ aber ☐ denn ich kann nicht lange bleiben.
3. Wir machen eine Party ☐ denn ☐ und ☐ oder wir laden alle unsere Freunde ein.
4. Wir wollten Fahrrad fahren, ☐ oder ☐ denn ☐ aber das Wetter war schlecht.
5. Ich gehe nicht in dieses Konzert, ☐ denn ☐ aber ☐ oder ich finde die Musik nicht so gut.

**15** **a. „Ein Pechtag": Sieh die Bilder an. Was ist passiert?**
**Sammle zuerst Wörter und Ausdrücke zu den Bildern.** 15

mit dem Fahrrad, ...

**b. Formuliere Sätze zu den Bildern.**

Max hat sich sehr geärgert, als …
Er hat sich schlecht gefühlt, weil …
Als er zu Hause ankam, …

**c. Schreib einen Text.**

**d. FÜR PROFIS „Ein Glückstag": Zeichne ein Comic. Schreib einen Text dazu.**

Mein Ich-Buch 12

# LERNWORTSCHATZ

die Grundschule
die weiterführende Schule
das Zeugnis
die Tafel
die Uniform
der Chor
die Prüfung
der Stress
der Punkt
der Buchstabe
die Datei
die Information
das Klingelzeichen
die Biologie
die Geschichte

der Teil
die Theorie
die Praxis
die Wiederholung
die Gefahr
die Sicherheit
das Gespräch
der Treffpunkt

sitzen bleiben
die Prüfung bestehen
vorbereiten
vermeiden
sich treffen
sich freuen
sich ärgern
sich langweilen

neugierig
schriftlich
theoretisch
praktisch

woanders
sondern
möglich
denn

Ich bin dagegen.
Ich bin dafür.

Kannst du am Freitag?
Das passt mir.
Wo treffen wir uns?

**A** **Ergänze dein Schul-Abc.**

| | | |
|---|---|---|
| A die AG | I ______ | R ______ |
| B ______ | J ______ | S ______ |
| C ______ | K ______ | T ______ |
| D ______ | L das Lineal | U der Unterricht |
| E ______ | M ______ | V ______ |
| F ______ | N ______ | W ______ |
| G ______ | O ______ | Z ______ |
| H ______ | P ______ | |

## B Was passt zusammen? Verbinde.

| | |
|---|---|
| die Prüfung | langweilen |
| sich auf den Test | ärgern |
| Probleme | bestehen |
| eine Datei | vorbereiten |
| sich mit Freunden | vermeiden |
| sich im Unterricht | herunterladen |
| sich über das schlechte Wetter | treffen |

## C Was fehlt? Ergänze die Wortpaare.

| | |
|---|---|
| prüfen • die Prüfung | die Gefahr • gefährlich |
| informieren • ______ | die Sicherheit • ______ |
| wiederholen • ______ | die Theorie • ______ |
| sich langweilen • ______ | die Praxis • ______ |
| sprechen • ______ | |

## D Lies das Elfchen. Schreib ein eigenes Gedicht mit elf Wörtern.

| | | |
|---|---|---|
| 1 Wort | Schule | ______ |
| 2 Wörter | macht Spaß, | ______ |
| 3 Wörter | wir werden schlau. | ______ |
| 4 Wörter | Hörst du das Klingelzeichen? | ______ |
| 1 Wort | Pause! | ______ |

## E Reagiere.

Ich bin dafür, dass die Schule schon um 7 beginnt. Dann hat man nachmittags mehr Freizeit.

______

Ich bin dagegen, dass man jeden Tag Hausaufgaben machen muss.

______

Ich bin dafür, dass die Schüler keine Noten, sondern Schokolade bekommen.

______

**Mein Lieblingswort:** ______

**SPIEL** **Stadtrallye**

Spielt zu viert. Würfelt und löst die Aufgabe. Der / die Spielleiter/in kontrolliert die Lösung (S. 106).

**Richtig?** – Der / die nächste Spieler/in würfelt.

**Falsch?** – Geh auf dein Feld zurück.

**START**

**1** Kauf dir ein Eis in der Eisdiele.

**2** Wo wohnst du? Sag zwei Sätze.

RATHAUS

**3** Was darf man im Verkehr nicht machen? Was muss man machen? Sag zwei Sätze.

Beim Skaten …
Beim Fahrradfahren …

Polizei

**10** Bilde zwei Sätze.

wichtig • Fremdsprachen • lernen • sind • deshalb • wir • Deutsch

das • Buch • spannend • ist • deshalb • wir • es • lesen

Buchladen

**11** Ergänze: vor, am, im?

_____ Jahr 1853
_____ 27. August
_____ 100 Jahren
_____ 19. Jahrhundert

**12** Du spielst auf dem Spielplatz Tischtennis. Such dort alle Adjektive.

aktuell, kämpften, weil, kompliziert, deshalb, aßen, lebte, reich, politisch, trugen, war, etwa, bitter, bewachte, trank, süß, schlau, niemals, langsam, kaum, befreite, kamen

**13** Ergänze die Sätze.

Das ist ein Buch, das …
Ich mag Geschichten, die …
Haben Sie ein Hörspiel, das …?

Bibliothek

**14** THEATER

Reagiere.

Ist das Theaterstück lustig? – Ja, das ist ein …
Ist die Geschichte spannend?
Ist der Schauspieler gut?

# MIT SPIEL ANS ZIEL 7–12

**4**

Geh auf den Spielplatz und such alle Verben im Präteritum.

MUSEUM

**5**

Was trägt ein Ritter? Nenn vier Gegenstände.

**6**

Du fährst im Park Fahrrad. Such dabei alle der-Wörter.

Ampel
Bushaltestelle
Hemd
Verkehr
Zucker
Post
Zebrastreifen
Zauberer
Fabrik
Kinderwagen
Schwert
Rezept
Wissenschaft
Bühne
Jahrhundert
Technik
Kakaobohne
Pfeil
Lampenfieber
Erfindung
Bildschirm
Umwelt

SCHULE

**7**

**Antworte.**

Welche Schule besuchst du?
Was ist bei euch die beste Note?
Was ist dein Lieblingsfach und warum?

**8**

**Lies die Jahreszahlen.**

1349 • 1795 • 1848
2005 • 2017

KAUFHAUS

**9**

**Antworte.**

Wo hast du das Handy gekauft?
Was hat es gekostet?
Wer hat es bezahlt?

STADTSCHLOSS

**15**

**Bilde zwei Sätze.**

Als • gab • einmal • der König • ein Fest •
hingehen • wollte • Aschenputtel • auch
Aschenputtel • Als • kam • zum Fest •
trug • Kleid • ein wunderschönes • es

**16**

**Sag die Sätze im Präteritum.**

Die Ritter leben auf einer Burg. Sie reiten auf Pferden. Sie essen viel Fleisch und trinken Wein.

**17**

**Reagiere im Café.**

- Hast du schon gewählt?

Eiscafé

ZIEL

# UNREGELMÄSSIGE VERBEN

| Infinitiv | Präsens | Präteritum | Perfekt |
|---|---|---|---|
| abbiegen | biegt ab | bog ab | ist abgebogen |
| anfangen | fängt an | fing an | hat angefangen |
| anhalten | hält an | hielt an | hat angehalten |
| ankommen | kommt an | kam an | ist angekommen |
| anrufen | ruft an | rief an | hat angerufen |
| anziehen | zieht an | zog an | hat angezogen |
| aufstehen | steht auf | stand auf | ist aufgestanden |
| aussehen | sieht aus | sah aus | hat ausgesehen |
| aussteigen | steigt aus | stieg aus | ist ausgestiegen |
| backen | bäckt / backt | buk / backte | hat gebacken |
| bekommen | bekommt | bekam | hat bekommen |
| bestehen | besteht | bestand | hat bestanden |
| bleiben | bleibt | blieb | ist geblieben |
| brechen | bricht | brach | hat gebrochen |
| einhalten | hält ein | hielt ein | hat eingehalten |
| einladen | lädt ein | lud ein | hat eingeladen |
| erfahren | erfährt | erfuhr | hat erfahren |
| erfinden | erfindet | erfand | hat erfunden |
| essen | isst | aß | hat gegessen |
| fahren | fährt | fuhr | ist gefahren |
| fallen | fällt | fiel | ist gefallen |
| fangen | fängt | fing | hat gefangen |
| fernsehen | sieht fern | sah fern | hat ferngesehen |
| finden | findet | fand | hat gefunden |
| fliegen | fliegt | flog | ist geflogen |
| fressen | frisst | fraß | hat gefressen |
| frieren | friert | fror | hat gefroren |
| geben | gibt | gab | hat gegeben |
| gehen | geht | ging | ist gegangen |
| gefallen | gefällt | gefiel | hat gefallen |
| gewinnen | gewinnt | gewann | hat gewonnen |
| helfen | hilft | half | hat geholfen |
| herauskommen | kommt heraus | kam heraus | ist herausgekommen |
| herumfahren | fährt herum | fuhr herum | ist herumgefahren |
| herunterladen | lädt herunter | lud herunter | hat heruntergeladen |
| hineingehen | geht hinein | ging hinein | ist hineingegangen |
| hinfallen | fällt hin | fiel hin | ist hingefallen |
| kommen | kommt | kam | ist gekommen |
| laufen | läuft | lief | ist gelaufen |
| lesen | liest | las | hat gelesen |
| liegen | liegt | lag | hat gelegen |
| messen | misst | maß | hat gemessen |
| nehmen | nimmt | nahm | hat genommen |
| reiten | reitet | ritt | ist geritten |
| rufen | ruft | rief | hat gerufen |
| schlafen | schläft | schlief | hat geschlafen |
| schlagen | schlägt | schlug | hat geschlagen |

| Infinitiv | Präsens | Präteritum | Perfekt |
|---|---|---|---|
| schmelzen | schmilzt | schmolz | ist geschmolzen |
| schreiben | schreibt | schrieb | hat geschrieben |
| schwimmen | schwimmt | schwamm | ist geschwommen |
| sehen | sieht | sah | hat gesehen |
| sein | ist | war | ist gewesen |
| sitzen | sitzt | saß | hat gesessen |
| sitzen bleiben | bleibt sitzen | blieb sitzen | ist sitzen geblieben |
| sprechen | spricht | sprach | hat gesprochen |
| springen | springt | sprang | ist gesprungen |
| stattfinden | findet statt | fand statt | hat stattgefunden |
| sterben | stirbt | starb | ist gestorben |
| streiten | streitet | stritt | hat gestritten |
| teilnehmen | nimmt teil | nahm teil | hat teilgenommen |
| tragen | trägt | trug | hat getragen |
| treffen (sich) | trifft (sich) | traf (sich) | hat (sich) getroffen |
| trinken | trinkt | trank | hat getrunken |
| umziehen | zieht um | zog um | ist umgezogen |
| unternehmen | unternimmt | unternahm | hat unternommen |
| verbieten | verbietet | verbot | hat verboten |
| verbinden | verbindet | verband | hat verbunden |
| verlieren | verliert | verlor | hat verloren |
| vermeiden | vermeidet | vermied | hat vermieden |
| verschreiben | verschreibt | verschrieb | hat verschrieben |
| verstehen | versteht | verstand | hat verstanden |
| waschen | wäscht | wusch | hat gewaschen |
| wegfahren | fährt weg | fuhr weg | ist weggefahren |
| wehtun | tut weh | tat weh | hat wehgetan |
| werden | wird | wurde | ist geworden |
| werfen | wirft | warf | hat geworfen |
| zusammenhalten | hält zusammen | hielt zusammen | hat zusammengehalten |

**Mischformen**

| Infinitiv | Präsens | Präteritum | Perfekt |
|---|---|---|---|
| bringen | bringt | brachte | hat gebracht |
| denken | denkt | dachte | hat gedacht |
| erkennen | erkennt | erkannte | hat erkannt |
| kennen | kennt | kannte | hat gekannt |
| nennen | nennt | nannte | hat genannt |
| verbringen | verbringt | verbrachte | hat verbracht |
| wissen | weiß | wusste | hat gewusst |

**Modalverben**

| Infinitiv | Präsens | Präteritum | Perfekt |
|---|---|---|---|
| dürfen | darf | durfte | hat gedurft |
| können | kann | konnte | hat gekonnt |
| müssen | muss | musste | hat gemusst |
| sollen | soll | sollte | hat gesollt |
| wollen | will | wollte | hat gewollt |

# LÖSUNGEN ZU DEN SPIELEN

## Leiterspiel

1. der, –, den, –, der
2. gebacken, gelernt, gegessen
3. z. B. Ich bin am Samstag ins Kino gegangen und ich habe Fußball gespielt. Ich war am Sonntag zu Hause und wir haben Karten gespielt.
4. sind, Hast, ist
5. z. B. Wir haben gelernt / gesungen / Sport gemacht / einen Test geschrieben / Texte gelesen / …
6. z. B. Ich bin mit … befreundet. Wir spielen / lernen / lachen / … zusammen. Wie machen zusammen Sport.
7. z. B. nett, klug, sportlich, stark, ehrlich, witzig, lustig …
8. z. B. … ist mein Freund / meine Freundin, weil er / sie witzig / mutig / ehrlich / … ist.
9. Alex ist nach Berlin gezogen. Ich habe ihn angerufen. Er hat mich eingeladen.
10. z. B. Ich habe das Buch „…" gelesen. / Ich habe den Film „…" gesehen. Die Hauptfiguren heißen … Das Buch / Der Film hat mir gefallen, weil es / er spannend ist.
11. größer – am größten; schön – schöner; gut – am besten
12. z. B. Das stimmt. / Das finde ich auch. / Das sehe ich anders. / So ein Quatsch! / Vielleicht.
13. z. B. Am liebsten lese / male / spiele / … ich. Rechnen / Reiten / … kann ich am besten.
14. z. B. Ja, ich kann Fahrrad fahren. Ich kann sehr gut fahren. Ich bin einmal hingefallen.
15. z. B. Der Kolibri ist am kleinsten. Der Gepard ist am schnellsten. Der Elefant ist am schwersten.
16. z. B. der Mund, der Finger, der Hals, die Schulter, der Fuß, der Arm
17. z. B. Ich habe Schnupfen. Meine Nase läuft. Ich habe Kopfschmerzen. Mein Hals tut weh.
18. z. B. Ich bin froh, wenn ich meine Freunde sehe. Ich bin traurig, wenn ich eine schlechte Note in Deutsch bekomme. Ich habe Angst, wenn ich einen Test schreiben muss.
19. Man darf nicht Fahrrad fahren. Man darf kein Eis essen. Man darf nicht telefonieren.
20. z. B. Ich habe schlechte Laune, wenn ich krank bin. Ich habe schlechte Laune, wenn ich kein Eis essen darf.
21. das Schachspiel, der Zauberwürfel, das Springseil
22. z. B. der Fernseher, das Telefon, der Kühlschrank, das Radio, die Waschmaschine
23. musste, konnte, musste, durfte
24. dem, der, den, den
25. Mona schreibt, dass sie krank ist. Sie schreibt, dass sie heute nicht in die Schule kommt.
26. die Festung, der Dom, das Schloss
27. vor dem Turm, zwischen den Bäumen, neben der Kirche
28. Geh zuerst geradeaus, dann nach links und wieder geradeaus.
29. z. B. Wir haben eine Wanderung gemacht. Wir haben im Wald gegessen und gespielt.
30. z. B. Können Sie mir sagen, was man im Museum sehen kann? Ich möchte wissen, wann das Museum geöffnet ist. Können Sie mir sagen, wie viel ein Ticket kostet?

## Stadtrallye

1. z. B. Ich möchte / Ich hätte gern drei Kugeln in der Waffel: Vanille, Schokolade und Erdbeere.
2. z. B. Ich wohne in …, in der …straße 20. Ich wohne in einem Mehrfamilienhaus im ersten Stock.
3. z. B. Beim Skaten darf man nicht telefonieren. Beim Fahrradfahren muss man auf die Ampel achten.
4. kämpften, aßen, lebte, trugen, war, bewachte, trank, befreite, kamen
5. z. B. eine Lanze, eine Rüstung, ein Schwert, einen Helm
6. der Verkehr, der Zucker, der Zebrastreifen, der Zauberer, der Kinderwagen, der Bildschirm
7. z. B. Ich besuche die Einstein-Schule. Die beste Note ist die Eins. Mein Lieblingsfach ist Mathe, weil ich gut rechnen kann.
8. dreizehnhundertneunundvierzig, siebzehnhundertfünfundneunzig, achtzehnhundertachtundvierzig, zweitausendfünf, zweitausendsiebzehn
9. z. B. Ich habe das Handy im Kaufhaus gekauft. Es hat 200 Euro gekostet. Mein Vater hat es bezahlt.
10. Fremdsprachen sind wichtig, deshalb lernen wir Deutsch. Das Buch ist spannend, deshalb lesen wir es.
11. im, am, vor, im
12. aktuell, kompliziert, reich, politisch, bitter, süß, schlau, langsam
13. z. B. …, das ich schon gelesen habe. …, die lustig sind. …, das sehr spannend ist?
14. Ja, das ist ein lustiges Theaterstück. Ja, das ist eine spannende Geschichte. Ja, das ist ein guter Schauspieler. / Nein, das ist kein guter Schauspieler.
15. Als der König einmal ein Fest gab, wollte auch Aschenputtel hingehen. Als Aschenputtel zum Fest kam, trug es ein wunderschönes Kleid.
16. Die Ritter lebten auf einer Burg. Sie ritten auf Pferden. Sie aßen viel Fleisch und tranken Wein.
17. z. B. Ja, ich hätte gern eine Cola und ein Stück Kuchen.

# MEIN ICH-BUCH

## EIN TOLLES WOCHENENDE

**Wann hattest du ein tolles Wochenende? Wie war es? Mach zuerst Notizen.**

Wohin bist du gegangen / gefahren?

Was hast du da gemacht?

Wer war noch da?

Wie war das Wetter?

Wie lange bist du geblieben?

Was hat dir besonders Spaß gemacht?

**Schreib deinen Text. Du kannst auch ein Bild malen oder ein Foto einkleben.**

BILD

# AUS BUCH UND FILM

**Mal eine Figur aus deinem Lieblingsbuch oder deinem Lieblingsfilm.**

**Beschreib die Figur.**

Die Figur heißt … • Sie ist aus dem Buch / aus dem Film … • … sieht … aus. • … hat … Haare / … Augen / … • … ist witzig / mutig / … • … ist mit … befreundet. • Einmal hat / ist er / sie … • Und dann hat / ist er / sie … • Ich mag diese Figur, weil …

# UNSER KLASSENPORTRÄT

**Wie ist eure Klasse?**
**Mal ein Bild oder kleb ein Klassenfoto ein und schreib.**

Wir sind ______ Mädchen und ______ Jungen.

Wir sind zusammen ______ Jahre alt. Wir lernen schon ______ Jahre Deutsch.

Wie seid ihr?

Was könnt ihr sehr gut?

Wir sind nett, ______________________________

Wer kann was?
(am schnellsten rennen / am schönsten singen / am besten rechnen / am schönsten schreiben / am besten Deutsch / …)

Wer ist …?
(am witzigsten / am nettesten / am …)

Was macht ihr am liebsten zusammen?

# WIE GEHT'S IN DER SCHULE?

**Was machst du gern in der Schule? Was machst du nicht gern?**
**Mach Notizen oder mal Bilder.**

☺☺

☺

😐

**Schreib deinen Text.**

Ich finde Schule super, wenn ______________________________

______________________________

Ich finde es auch gut, wenn ______________________________

______________________________

Aber ich mag es nicht, wenn ______________________________

______________________________

Mir gefällt es auch nicht, wenn ______________________________

______________________________

Am besten ist es, wenn ______________________________

______________________________

die Lehrerin ist nett / hilft / … • wir haben viele Hausaufgaben • wir singen • wir rechnen • wir haben Pause • wir gehen ins Museum • mein Freund ist krank • …

**Lies den Aufruf. Frag deine Großeltern, notiere die Informationen.**

## SCHREIBWETTBEWERB

*Wie haben deine Großeltern als Kinder gelebt? Wo haben sie gewohnt?*
*Was hatten sie? Was hatten sie nicht? Was konnten sie nicht machen?*
*Was durften sie? Wie war es in der Schule?*
*Schick uns deinen Text.*

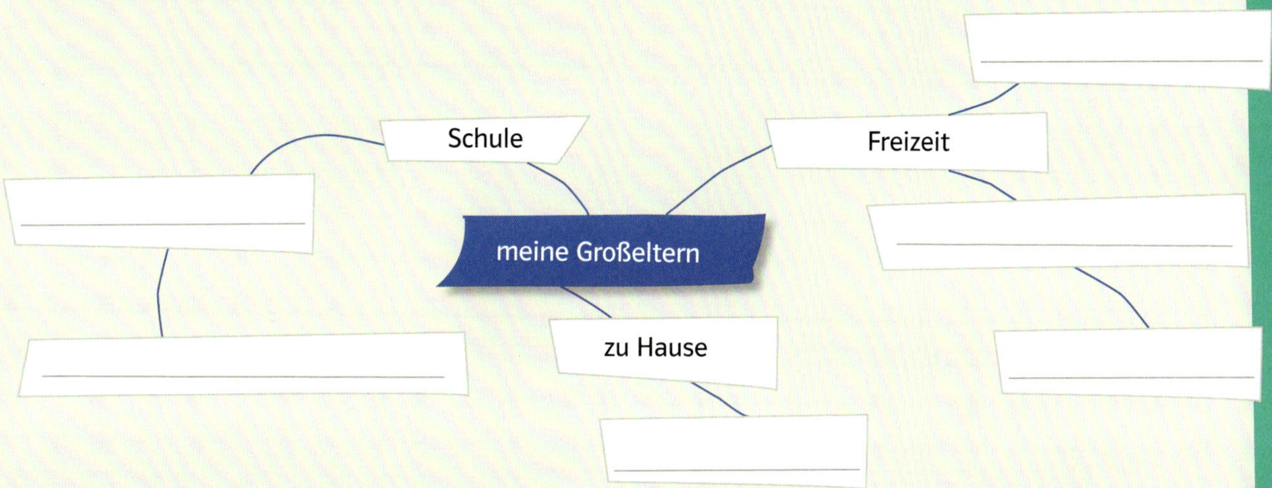


**Schreib deinen Text.**

# MEINE STADT

**Gestalte einen Prospekt über deine Stadt: Wo ist sie?**
**Was gibt es dort? Was kann man sehen / machen / erleben?**
**Mal Bilder oder kleb Fotos ein. Schreib Texte dazu.**

BILD

BILD

BILD

BILD

## TOLLE AUSSICHT

**Wähl ein Bild. Stell dir vor, du wohnst hier.**
**Mal die Fantasie-Aussicht aus deinem Fenster.**

**Beschreib die Aussicht.**

Ich wohne … • Hier gibt es … • Unser Haus ist/hat … •
Wenn ich aus dem Fenster gucke, … • Man kann auch …
sehen/hören. • Am Morgen … • Am Abend … •
Mir gefällt … • Ich mag …

# IN DER SPIELSTADT

**Lies das Programm. Was möchtest du in der Spielstadt machen?**
**Wähl aus und mach einen Plan.**

### Programm

**8.30 Uhr** die Kinder kommen an und wählen beim Arbeitsamt Jobs aus (mindestens je eine Stunde lang bei einer Firma)
**von 9 bis 16 Uhr** Arbeit bei den verschiedenen Firmen: Frisör, Holzwerkstatt, Schokoladenmanufaktur, Restaurant, Küche, Busfahrer, Gärtnerei, Kaufhaus, Zeitung, Post, Zoo, Imbiss, Taschenwerkstatt, Bonbonfabrik, Bäckerei, Kino, Eisdiele
**ab 12 Uhr** das Restaurant hat geöffnet
**11 Uhr und 14 Uhr** „Shaun das Schaf" im Kino (je 30 Minuten)
**15 Uhr** Stadtführung für Eltern
**16 Uhr** Elterncafé, Abholung der Kinder

### Mein Tagesplan

**9–10 Uhr:** ______

**10–11 Uhr:** ______

**11–12 Uhr:** ______

**12–13 Uhr:** ______

**13–14 Uhr:** ______

**14–15 Uhr:** ______

**15–16 Uhr:** ______

**Beschreib deine Pläne.**

Am Vormittag möchte ich zuerst ______

# AUF KLASSENFAHRT IN DER SCHWEIZ

**Du bist auf Klassenfahrt in der Schweiz. Gestalte eine Postkarte:**
**Mal ein Bild und schreib die Karte an einen Freund / eine Freundin.**

- Wie ist es in der Schweiz?
- Was habt ihr gemacht / gesehen / besichtigt / erlebt? (Schreib über mindestens 2 Erlebnisse.)
- Was hat dir am besten gefallen? Warum?

viele Grüße aus … • im … wohnen • am Vormittag … • am Nachmittag … • eine Stadtrundfahrt / eine Führung im Museum / eine Schifffahrt / … machen • viel Interessantes sehen • einen Ausflug in die Berge machen • … essen

# REISE INS MITTELALTER

**Du reist mit der Zeitmaschine ins Mittelalter. Was erlebst du? Mach Notizen.**

Hier wohne ich:

Das sehe ich:

Diese Person(en) treffe ich:

Das passiert:

Das gefällt mir:

**Schreib einen Text über deine Erlebnisse. Du kannst auch ein Bild malen.**

Ich komme im Mittelalter an und sehe zuerst

Ich gehe

BILD

# EINE SPANNENDE GESCHICHTE

**Sieh die Bilder an und lies die Zeitungsmeldung.**
**Was ist passiert? Wie geht es weiter? Mal Bilder und schreib die Fortsetzung.**

**Polizei sucht Krokodil**

Gestern Nacht brach ein Krokodil aus dem Zoo aus. Als ein Tierpfleger den leeren Käfig entdeckte, informierte er sofort die Polizei. Die Suche nach dem Krokodil dauerte bis zum nächsten Tag. Bei der Polizei gab es pausenlos Anrufe von Leuten, die das Krokodil überall in der Stadt gesehen haben.

Um 23 Uhr sah ein Taxifahrer das Krokodil auf dem Parkplatz in der Steinstraße. Eine Gruppe von Touristen entdeckte das Krokodil um 24 Uhr auf dem Marktplatz und rief die Polizei an. Eine Zugführerin bekam einen Schock, als sie das Krokodil gegen zwei Uhr nachts auf dem Bahnhof sah. Um vier Uhr morgens sah dann der Hausmeister das Krokodil auf dem Schulhof.

## MEINE MEINUNG

**Wie findest du die Online-Schule? Lies und kreuz an.**

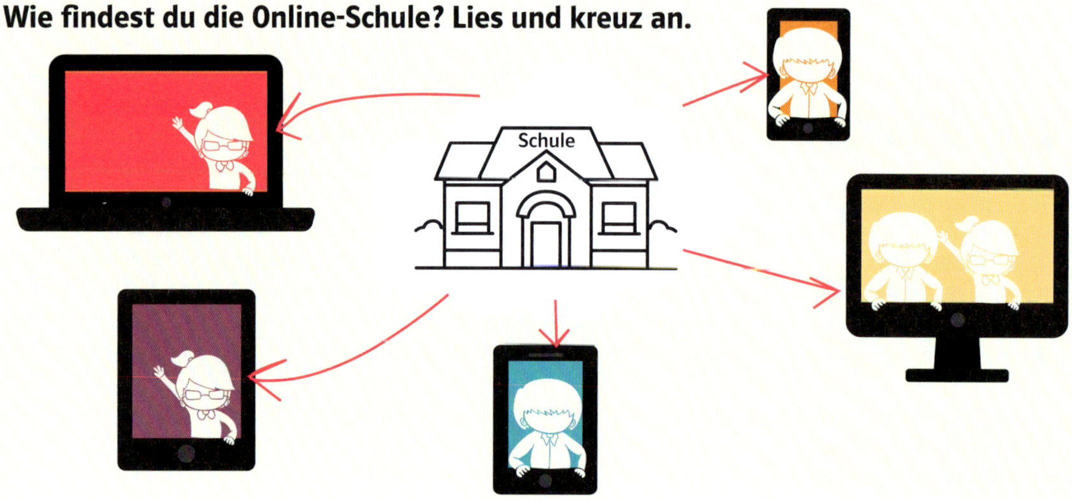


| | gut | nicht gut |
|---|---|---|
| Man lernt zu Hause. | | |
| Man ist über Computer mit dem Lehrer und mit den anderen Schülern verbunden. | | |
| Man bekommt alle Aufgaben über E-Mail. | | |
| Der Lehrer hilft und kontrolliert alle Aufgaben. | | |
| Man kann so schnell arbeiten, wie man will. | | |
| Man kann den Lehrer immer fragen. | | |
| Man trifft die Mitschüler nur im Chat. | | |

**Schreib deine Meinung.**

Mir gefällt, dass … • Ich finde es (nicht) gut, dass … •
Es ist wichtig, dass … • Ich meine, dass … •
Mir gefällt gar nicht, dass … • Ich finde es besser, wenn …

**Bildquellen**

**Cover** Corbis (Hero Images), Berlin; **4.1** Shutterstock (bioraven), New York; **4.2** Shutterstock (aopsan), New York; **4.3** Shutterstock (Artmim), New York; **4.4** Shutterstock (KK Art and Photography), New York; **4.5** Thinkstock (ozmax), München; **4.6** Dreamstime.com (Volodymyr Shevchuk), Brentwood, TN; **4.7** Shutterstock (sanddebeautheil), New York; **4.8** Shutterstock (Zoran Karapancev), New York; **4.9** Thinkstock (Sergey Plakhotin), München; **6.1** Shutterstock (Jeanette Dietl), New York; **6.2** Thinkstock (Magdevski), München; **6.3** iStockphoto (fotostorm), Calgary, Alberta; **9.1** Thinkstock (monkeybusinessimages), München; **9.2** Shutterstock (vblinov), New York; **9.3** Thinkstock (Zoonar/j.wnuk), München; **9.4** Thinkstock (scanrail), München; **9.5** Thinkstock (Comstock), München; **9.6** Thinkstock (sundarananda), München; **12.1** Thinkstock (Jupiterimages), München; **12.2** iStockphoto (Anna Omelchenko), Calgary, Alberta; **12.3** Shutterstock (Kalmatsuy), New York; **12.4** iStockphoto (blackwaterimages), Calgary, Alberta; **13.1** Shutterstock (Valua Vitaly), New York; **13.2** Thinkstock (loco75), München; **13.3** Thinkstock (Wavebreakmedia Ltd), München; **13.4** Thinkstock (Amos Morgan), München; **13.5** Thinkstock (SergiyN), München; **13.6** Thinkstock (Amos Morgan), München; **13.7** Thinkstock (C-You), München; **13.8** Shutterstock (g215), New York; **13.9** Thinkstock (saiko3p), München; **13.10** Shutterstock (Suchat Siriboot), New York; **13.11** Thinkstock (Gizelka), München; **13.12** Thinkstock (Wavebreakmedia Ltd), München; **14** Thinkstock (Wavebreakmedia Ltd), München; **16.1** iStockphoto (mustafagull), Calgary, Alberta; **16.2** Thinkstock (filiz76), München; **17.1** Momo- Agentur für Kinder und Jugendliche, Köln; **17.2** Erich Kästner: Emil und die Detektive, Alinea, Denmark. 2. edition, 2014; **17.3** Claussen+Putz Filmproduktion; **20** Fotolia (Gorilla), New York; **21** Thinkstock (Catherine Yeulet), München; **24.1** Thinkstock (atikinka2), München; **24.2** Thinkstock (zhengzaishuru), München; **24.3** Thinkstock (Byrdyak), München; **24.4** Thinkstock (GlobalIP), München; **24.5** Thinkstock (kojihirano), München; **24.6** Thinkstock (bennymarty), München; **24.7** Thinkstock (sunstock), München; **28.1** Shutterstock (sanddebeautheil), New York; **28.2** Shutterstock (Kotsios Andreou), New York; **28.3** Thinkstock (Kamil Macniak), München; **28.4** Thinkstock (kravcs), München; **28.5** Shutterstock (Shkurd), New York; **28.6** Thinkstock (Ilya_Starikov), München; **30.1** Thinkstock (FogStock/Vico Images/Marv Johnson), München; **30.2** Thinkstock (Donna Coleman), München; **30.3** Thinkstock (Jupiterimages), München; **30.4** Thinkstock (Christopher Robbins), München; **30.5** iStockphoto (Yuri_Arcurs), Calgary, Alberta; **30.6** Thinkstock (Jupiterimages), München; **31** Thinkstock (Sneksy), München; **32.1** Thinkstock (AnnIris), München; **32.2** Thinkstock (kolae), München; **32.3** Thinkstock (Kilav), München; **32.4** Thinkstock (dragance137), München; **32.5** Thinkstock (Ecelop), München; **32.6** Thinkstock (dejanj01), München; **32.7** Thinkstock (SvetaP), München; **32.8** Thinkstock (rep0rter), München; **36** Shutterstock (Siberia Video and Photo), New York; **37.1** Thinkstock (Didier Kobi), München; **37.2** Thinkstock (Thomas Northcut), München; **37.3** Thinkstock (ppl58), München; **37.4** Thinkstock (kvsan), München; **37.5** Thinkstock (Grassetto), München; **37.6** Thinkstock (scanrail), München; **37.7** Thinkstock (VladislavStarozhilov), München; **38.1** Thinkstock (Jupiterimages, Brand X Pictures), München; **38.2** Thinkstock (Kane Skennar), München; **38.3** Shutterstock (Tutti Frutti), New York; **38.4** Thinkstock (altrendo images), München; **38.5** Thinkstock (JacquiMoore), München; **39.1** Imago (Werner Otto), Berlin; **39.2** Thinkstock (Ryan McVay), München; **40** Fotolia (lisalucia), New York; **41.1** Shutterstock (Pavel Ilyukhin), New York; **41.2** Shutterstock (g-stockstudio), New York; **41.3** Shutterstock (Blend Images), New York; **41.4** Thinkstock (przemekklos), München; **41.5** Shutterstock (Planner), New York; **44.1** Thinkstock (bluejayphoto), München; **45** Shutterstock (Sergey Novikov), New York; **46.1** Shutterstock (Aleksandar Mijatovic), New York; **46.2** iStockphoto (IgorP1976), Calgary, Alberta; **49.1** Shutterstock (Konstantin Tronin), New York; **49.2** Shutterstock (Szasz-Fabian Ilka Erika), New York; **53.1** Thinkstock (Ecelop), München; **53.2** Default-Eintrag, Defaultsitz; **53.3** Thinkstock (neyro2008), München; **53.4** Thinkstock (ewastudio), München; **53.5** iStockphoto (Popartic), Calgary, Alberta; **53.6** Thinkstock (sunstock), München; **54.1** Thinkstock (ralfgosch), München; **54.2** Thinkstock (Borisb17), München; **54.3** Thinkstock (Zoonar RF), München; **54.4** Shutterstock (elxeneize), New York; **55.1** Shutterstock (Malachy666), New York; **55.2** Thinkstock (ivansmuk), München; **55.3** Thinkstock (ozmax), München; **55.4** Shutterstock (sanddebeautheil), New York; **58.1** Thinkstock (scanrail), München; **58.2** Thinkstock (Kai_Wong), München; **58.3** Thinkstock (Szemeno), München; **58.4** Thinkstock (dejan Jekic), München; **58.5** Thinkstock (Kamil Macniak), München; **58.6** Thinkstock (Zoonar RF), München; **58.7** iStockphoto (Coprid), Calgary, Alberta; **58.8** iStockphoto (EdnaM), Calgary, Alberta; **58.9** Fotolia (rdnzl), New York; **58.10** Thinkstock (kravcs), München; **58.11** Shutterstock (Tobik), New York; **58.12** Thinkstock (mkos83), München; **62.1** Thinkstock (279photo), München; **62.2** Fotolia (sevulya), New York; **62.3** Shutterstock (volkova natalia), New York; **62.4** Fotolia (golandr), New York; **62.5** Shutterstock (Slavko Sereda), New York; **62.6** Thinkstock (scanrail), München; **63** Thinkstock (Angela Jones), München; **65.1** Thinkstock (Aleksander Kaczmarek), München; **65.2** Thinkstock (m-imagephotography), München; **65.3** Thinkstock (Amos Morgan), München; **65.4** Thinkstock (Aleksander Kaczmarek), München; **65.5** Thinkstock (Jupiterimages, Brand X Pictures), München; **65.6** Thinkstock (Polka Dot Images), München; **66** Thinkstock (DZM), München; **68** Shutterstock (IB Photography), New York; **71.1** Thinkstock (Serjio74), München; **71.2** Thinkstock (SimicVojislav), München; **71.3** Thinkstock (sodapix sodapix), München; **71.4** Thinkstock (sam74100), München; **71.5** Fotolia (cherryandbees), New York; **72.1** Thinkstock (montego666), München; **72.2** Thinkstock (Carsten Reisinger), München; **73.1** Archiv GSB; **73.2** Thinkstock (5second), München; **74.1** Thinkstock (mg7), München; **74.2** Thinkstock (exopixel), München; **75.1** Thinkstock (unalozmen), München; **75.2** Thinkstock (Eldin Muratovic), München; **75.3** Thinkstock (ognianm), München; **75.4** Fotolia (cherryandbees), New York; **75.5** Thinkstock (bonchan), München; **75.6** Shutterstock (jeehyun), New York; **75.7** Thinkstock (Maya Kovacheva Photography), München; **75.8** Thinkstock (Winai_Tepsuttinun), München; **78.1** Imago (Müller-Stauffenberg), Berlin; **78.2** Shutterstock (Radu Razvan), New York; **78.3** Thinkstock (arfo), München; **78.4** Imago (MiS), Berlin; **79.1** Shutterstock (Catmando), New York; **79.2** Shutterstock (jps), New York; **79.3** Thinkstock (Ellagrin), München; **83.1** Thinkstock (WestLight), München; **83.2** Thinkstock (exopixel), München; **83.3** Thinkstock (Petro Korchmar), München; **83.4** Thinkstock (Hemera Technologies), München; **83.5** Thinkstock (Manuel Faba Ortega), München; **83.6** Thinkstock (emarto), München; **83.7** Thinkstock (kavring), München; **83.8** Thinkstock (Stockbyte), München; **86.1** Shutterstock (Jaren Jai Wicklund), New York; **86.2** Thinkstock (BananaStock), München; **86.3** Shutterstock (Neirfy), New York; **86.4** Thinkstock (Dave & Les Jacobs), München; **86.5** Thinkstock (Digital Vision), München; **86.6** Shutterstock (Lapina), New York; **87.1** Shutterstock (Mantikora), New York; **87.2** Shutterstock (Veronica Louro), New York; **89** Shutterstock (Tomasz Trojanowski), New York; **94.1** Fotolia (Dmitry Vereshchagin), New York; **94.2** Thinkstock (Digital Vision), München; **94.3** Fotolia (Stihl024), New York; **94.4** Imago (JOKER), Berlin; **94.5** Fotolia (thingamajiggs), New York; **94.6** Thinkstock (stu99), München; **94.7** Thinkstock (Highwaystarz-Photography), München; **95** Thinkstock (Wavebreakmedia Ltd), München; **96.1** Thinkstock (JerryGrugin), München; **96.2** Thinkstock (Julialine), München; **96.3** Thinkstock (Jupiterimages), München; **96.4** Fotolia (BildPix.de), New York; **96.5** Thinkstock (Con Tanasiuk / Design Pics), München; **96.6** Thinkstock (Digital Vision), München; **96.7** © Serrnovik | Dreamstime.com; **98** Thinkstock (ScrappinStacy), München; **115** Shutterstock (Aleksandar Mijatovic), New York; **118** Designed by Freepik